공연예술로 본 태권도

공연예술로 본 태권도

초판1쇄 인쇄 2025년 2월 14일
초판1쇄 발행 2025년 2월 21일

지 은 이 김종수, 엄주용
펴 낸 이 신일희
펴 낸 곳 계명대학교 출판부
출판등록 제347-1998-1호(1970. 9. 1.)
주 소 대구광역시 달서구 달구벌대로 1095
대표전화 053-580-6233
팩 스 053-580-6235
홈페이지 www.kmupress.com

ISBN 979-11-6516-246-7 93690 정가 16,000원

공연예술로 본 태권도

김종수, 엄주용

계명대학교 출판부

머리말

본 저서는 4차 산업 시대에 부상하는 '콘텐츠 산업'과 관련, 대한민국 국기(國技)인 태권도를 주요 소재로 활용한 공연 콘텐츠 산업을 고도화하기 위해 태권도와 공연예술에 대한 이해력을 기르고 실무에 적용이 가능한 지침을 내포하고 있다.

먼저 공연 콘텐츠 산업의 파급력을 바탕으로 하는 태권도 공연의 비전을 제시하고, 공연예술의 관점으로 태권도를 바라볼 수 있도록 공연예술의 역사부터 공연장(극장)의 이해, 공연을 제작하기 위한 일련의 과정들을 배울 수 있는 공연기획과 예산 및 재원 조성의 내용들을 배우고 기획된 공연을 어떻게 홍보할 수 있을지에 대한 마케팅 전략 방법에 대한 깊이 있는 가르침을 주어 태권도 공연의 발전을 위한 방향을 제시한다.

또한, 태권도를 공연예술 장르로 발전시킬 수 있도록 태권도 시범의 역사 및 개념을 이해하고 지금까지 태권도 공연에 대한 흐름과 태권도 공연의 문제점을 탐색한다. 그리고 태권도 공연과 유사한 국내·외

콘텐츠들의 성공사례와 실제 태권도 공연사례를 살펴봄으로써 앞으로 태권도 공연의 블루오션에 대한 전략과 방향을 설정하고 실행방안을 탐색하여 실제 태권도 공연을 기획하고 제작하기 위한 실무 내용을 담고 있다.

본 저서를 통해 태권도 전공자뿐만 아니라 일반 사람들에게도 태권도의 가치를 스포츠의 일종(一種)으로 국한하지 않고, 태권도 생태계를 확장하기 위한 유연한 사고를 기르는 데에 계기가 되기를 바라며, 이를 통해 태권도 공연이 대한민국의 대표 문화 브랜드로 성장할 수 있기를 기대한다. 나아가 태권도와 공연예술이 또 다른 예술·체육 분야의 융합으로 나아가는 시발점이 되기를 희망한다.

2025년 1월

김종수

차 례

제1부

공연예술과 공연기획

01 공연예술의 개념 및 역사

가. 공연예술이란 무엇인가?

나. 공연 장르와 특성

다. 공연예술의 역사

라. 극장의 기원과 종류

02 공연기획

가. 공연기획이란

나. 공연 상품

다. 공연기획의 과정

03 공연과 홍보 마케팅 전략

가. 공연예술 마케팅이란?

나. 환경 분석과 STP 전략

다. 마케팅믹스(5P 전략)

라. 공연홍보

01

공연예술의 개념 및 역사

가. 공연예술이란 무엇인가?

1) 공연예술의 정의

공연예술의 사전적 의미는 무대에서 공연되는 모든 형태의 예술이다(두산백과, 2020). 또한, 공연법 제2조 제1항에 따르면 '공연'이란 음악·무용·연극·뮤지컬·연예·국악·곡예 등 예술적 관람물을 실연에 의하여 공중에게 관람하도록 하는 행위를 말한다. 다만, 상품 판매나 선전에 따르는 공연은 제외한다고 규정하고 있다.

밀리 S. 배린저(Milly S. Barranger)는 연극이 이뤄지기 위해서는 두 그룹, 즉 연기자와 관객이 특정한 시간과 장소에 모여야 한다고 하였다(2010). 안민수는 "관객이 한편의 좋은 연극을 보며, 무대 위의 여러 요소가 배우를 중심으로 하여 이루어내는 경이로운 조화의 세계에 대해 오직 감탄하고 감동할 뿐"이라고 했다(1998). 이두현은 오늘날의 연극이 극장, 희곡, 배우, 관객이라는 기본적인 구조를 갖춘 협의의 무대예술을 말한다(2009)고 하였으나, 오스카 G. 브로케트(Oscar G. Brockett)는 연극의 주요 요소 중 하나라고 강조하는 '희곡'이 더 넓은 의미의 공연에서는 절대적 요소는 아니라고 주장(2014)하였다. 이에 리처드 셰크너(Richard Schechner) 교수는 위와 같은 종합적 형태의 예술을 공연(performance)이라는 포괄적인 용어로 사용(2004)하게 되었으며, 셰크너로부터 시작된 공연에 대한 재해석은 점차 무용·연극·음악뿐만 아니라 종합 예술에 대한 포괄적인 용어로 자리 잡게 되었다.

공연예술의 주요 요소를 특정하는 것은 어렵지만, 앞서 연극의 이론에서 시작해 공연예술에 이르는 선행연구를 살펴본 바에 의하면, 공연예술을 이루는 주요 요소는 크게 '예술가', '관객', '무대'라고 할 수 있을 것이다. 여기서 예술가란 단지 무대에 오르는 배우뿐만 아니라 공연 제작에 필요한 모든 전문인력을 지칭한다.

2) 공연예술의 특성

① 현장성

무대라는 공간에서 예술가와 관객이 동시에 존재하는 현장성을 기반으로 한다.

② 일회성

실연하는 동안만 존재하며, 공연이 끝나면 사라지는 일회성 예술로 똑같은 공연이라도 어제의 공연과 오늘의 공연이 완벽히 같을 수 없다. 이는 연출, 배우, 관객에 따라 작품의 내용과 해석이 달라지기 때문이다.

③ 종합 예술

공연예술은 출연자 외에 다양한 분야의 스태프와 협업이 필요한 종합 예술이며, 연극, 무용, 음악 등 인접 예술 분야가 결합되어 완성된다.

④ 상호작용성

공연예술은 관객을 전제로 하고 있으며, 예술가와 관객과의 관계는 일방적인 것이 아니라 서로에게 반응하는 상호적인 것이다.

⑤ 경험재적 특성 및 학습성

공연예술은 경험의 위계나 학습의 정도를 통해 작품의 가치 판단이 달라지는 경험재적 특성과 학습성을 가진다.

3) 공연예술의 산업적 특성

① OSMU의 확장콘텐츠로서 부가가치 확대

공연예술은 원천소스의 활용을 통해 부가가치를 극대화하는 전략인 One Source Multi Use(이하 OSMU)의 측면에서 부가가치를 확대하는 산업적 특성을 가진다. 이러한 OSMU의 전략에서 공연은 원천소스로 기능하기보다는 가공된 확장콘텐츠로서 부가가치를 확대 재생산하는 역할을 수행한다. 예를 들어 웹툰 <신과함께>라는 원천IP(Intellectual Property, 지적 재산)가 뮤지컬로 재탄생하는 것이 그러하다. 또한, 일반적으로 공연은 '희곡'을 중심으로 하는데, 예를 들어 셰익스피어의 <로미오와 줄리엣>이라는 희곡은 원천소스이고, 이를 활용한 공연은 확장 콘텐츠로서 부가가치를 확대하는 역할을 하는 것이다.

② 엔터테인먼트(Entertainment) 산업의 특성 보유

고위험(High Lisk) 산업으로 성공하면 높은 수익이 보장(High Return)되는 엔터테인먼트 산업의 특성을 가진다. 또한, 총 제작비에서 인건비 비중이 매우 높은 노동집약적 서비스다. 이러한 리스크 헷지(Risk Hedge)를 위해 해외 유명작품, 과거 흥행 작품, 기존에 유명한 작품을 등을 중심으로 제작한다.

③ 시장실패의 속성

뮤지컬, 콘서트 등 대중적 장르를 제외한 다수의 공연은 노동집약적 서비스로 인건비의 비중이 높고, 매체로 활용되는 영화나 드라마와 다르게 현장성, 일회성 등의 특성으로 생산성이 상대적으로 부족하다. 이에 일반적 산업에 비해 시장에서 경쟁력이 떨어지는 시장실패의 속성을 지닌다. 이에 따라 공연예술을 포함한 순수 예술의 경우 국가, 지자체, 기업 등이 지원, 후원하는 경우가 많다.

나. 공연 장르와 특성

1) 연극(演劇, Play / Drama / Theater / Performance)

연극은 인간의 경험을 몸짓과 언어로 표현하거나 모방함, 역동적인 예술로 배우가 각본에 따라 어떤 사건이나 인물을 말과 동작으로 관객에게 보여주는 무대예술(표준국어대사전)로, 공연(Performance)이라는 포괄적 용어의 등장 전에는 연극이 그 역할을 하였다. 일반적으로 연극의 4요소는 배우, 무대, 관객, 희곡을 말하며, 이에 따르면 연극이란 배우가 무대에서 관객에게 희곡 속 인물이 되어 몸짓과 언어로 만들어 내는 예술을 의미한다.

연극의 특성은 관객과의 소통을 중시하고, 현실과 허구의 이중성을 창조하는 환상의 예술이며, 시공간적 동시성과 현장성을 가지고, 여러 공연예술 요소를 기반으로 하는 종합 예술이다.

연극은 크게 비극(悲劇, Tragedy), 희극(喜劇, Comedy), 희비극(喜悲劇, Tragicomedy), 실험극(實驗劇, Experimental theatre) 등으로 구분할 수 있으며, 주요 스태프로는 작가, 연출, 배우, 분야별 디자이너와 오퍼레이터, 무대감독 등이 있다.

2) 무용(舞踊, Dancing)

무용은 인간의 생각과 감정을 예술적, 의식적으로 구성하여 신체 움직임으로 표현하며, 음악, 미술 등을 동원하여 보다 효과적인 표현을 하는 종합 예술이다.

무용은 추상적이고 인위적 특성을 가지기에 안무가는 창작하기 어렵고, 관객은 이해하기 어려운 예술이다. 이러한 특성으로 타 장르에 비해 인지도, 관객층, 공연 횟수가 적다. 또한, 안무가에 의해 작품의 변동 폭이 큰 예술이며, 여러 공연예술 요소를 기반으로 하는 종합 예술이다.

무용의 장르는 발레(Ballet), 현대무용(Modern dance), 민속무용(Folk dance)으로 구분할 수 있다. 발레는 이야기나 주제를 종합적으로 표현하는 무용으로 15세기 르네상스시대 이탈리아 궁정 연회에서 유래되었으며, 기교적이고 형식적인 특성을 지닌다. 현대무용은 전통 발레에 대한 문제 제기로 20세기 초 시작된 새로운 무대 무용으로 발레와 대립적이며, 창조적이고 개성적인 특성을 가진다. 민속무용은 각국 또는 각 지역의 특색있는 무용을 말한다. 무용의 주요 스태프로는 안무가, 무용수, 분야별 디자이너와 오퍼레이터, 무대감독 등이 있다.

3) 오페라(歌劇, Opera)

오페라는 연극과 음악이 결합한 형태의 종합 예술로 음악적 요소로서 노래(아리아, 레치타티보)와 오케스트라 연주(서곡, 전주곡, 간주곡)가 있고, 문학적 요소로 대본(리브레토)이 있다. 연극적 요소로는 극 구성, 연출, 연기가 있으며, 미술적 요소는 무대장치, 조명, 의상, 소도구 등이 활용되고, 무용적 요소로는 군무와 발레가 포함된다.

오페라의 장르로는 18세기 중엽 이탈리아 오페라. 신화 및 영웅담 중심의 오페라 세리아(정가극, Opera seria), 18세기 초 이탈리아의 희극 오페라로 주로 서민 생활, 인정, 미담을 소재로 풍자하는 오페라 부파(희가극, Opera buffa)가 있으며 대표적으로 <세빌리아의 이발사>가 있다. 레시타티보, 아리아, 중창, 합창 등의 형태를 사용하지 않고, 관현악으로 담화적인 멜로디를 연주하는 형태의 음악극으로 바그너 창안한 악극이 있다.

오페라는 음악 사이에 대화와 독백이 있는 것이 특징이며, 희극적이고 익살스러운 내용으로 <카르멘>과 <마농>이 대표적인 오페라 코미크(Opera comique)와 오페라 코미크 같은 가볍고 소규모의 악극으로 <집시의 남작>과 같은 오페레타(경가극, Operetta), 영국에서 특유의 유머 감각으로 만들어진 민중 악극인 발라드 오페라(Balled opera), 19세기 프랑스에서 발달한 대형 오페라로 화려하고 규모가 크며, 합창이 매우 중요한 역할을 하고 발레가 많이 포함되어 스펙터클하고 화려한 무대가 특징인 그랜드 오페라(Grand opera)라로 구분된다. 주요 스태프는 작곡가, 지휘자, 연출, 배우, 분야별 디자이너와 오퍼레이터, 무대감독 등이 있다.

4) 뮤지컬(Musical)

뮤지컬은 노래와 춤이 어우러진 음악극의 한 형태로 오페레타(Operetta)의 형식인 노래, 대사, 춤 등이 유기적으로 결합된 오페레타의 후예라고 할 수 있다. 신생국인 미국의 문화, 사회적 배경하에 성장한 대중공연 형식으로 정착하였으며, 일반 대중이 공연 시장에 주요 관객으로 부상하며 오페라보다 대중적이고 재미있는 뮤지컬이 큰 인기를 끌었다. 오페라와 뮤지컬의 차이는 다음과 같다.

뮤지컬의 특성은 낭만적인 공연물로 주로 사랑이나 역사적 사건을 배경으로 하고, 음악을 중심으로 대사와 춤으로 구성, 공연예술 요소가 다양하게 참여하는 종합 예술이다. 특히, 공연예술 장르 중 가장 대중적인 공연물 중 하나다. <캣츠>, <레미제라블>, <미스 사이공>, <오페라 유령>이 4대 뮤지컬로 불리며, 주요 스태프는 작가, 연출, 작곡가, 작사가, 안무가, 배우, 분야별 디자이너와 오퍼레이터, 무대감독 등이 있다.

뮤지컬의 종류는 다음과 같다.

① 라이선스 뮤지컬: 외국 제작사와 계약을 통해 판권을 확보한 후 국내에서 제작 예) <캣츠>

② 오리지널 뮤지컬: 해외 공연 뮤지컬 공연단의 내한 공연 예) <캣츠>

③ 창작 뮤지컬: 대본과 음악을 순수하게 창작한 뮤지컬 예) <명성황후>, <영웅> 등

④ 주크박스 뮤지컬: 기존 대중음악을 활용해 제작한 뮤지컬 예) <맘마미아>, <그날들> 등

다. 공연예술의 역사

1) 공연예술의 기원

① 유희와 모방처럼 인간의 본능적인 것에서 나타났다는 기원설

인간은 상상하고 탐험하며 유희하고 모방하는 것이 본능적인 요소이다. 또한 지적 능력을 확장하려는 욕구와 지각 능력을 연마하려는 욕구 또한 내포하고 있다.

② 제의 또는 주술과 같은 원시종교의 형태에서 파생되었다는 기원설

원시시대의 제의와 주술 또한 인간 생활을 지배하는 절대적 역할로 작용하였다. 탄생부터 죽음에 이르기까지 생활 전체와 수렵, 전쟁 결국은 생존과도 밀접한 결합을 띄며 춤과 송가를 포함하여 리드미컬한 행동, 되풀이하는 방식 등은 의식을 고양시키는 요소로 사용되었다. 공연예술의 발생으로 주장되는 행위는 전 세계 공통적으로 찾아볼 수 있고 이러한 고대 제의를 통하여 음악, 연극, 무용이 파생되었음을 유추할 수 있다.

따라서 공연예술은 인간의 본능적 욕구와 초현실적인 주술적 제의의 복합적 기원을 가진 것으로 볼 수 있다. 인류의 역사와 공연은 함께 성장해 왔다. 뚜렷한 문명을 기반으로 인류 집단 생활의 기본요소이자 의사를 전달하는 수단으로써 연극적 행위의 흔적이 나타났다. 동물과 구분되는 인간의 특성 중 '작업'을 예술 행위의 예로 들 수 있다. 인간이 지닌 본능이 연극적 행위로 발전한 것이며 이러한 연극적 행동이 다양한 형태의 공연예술로써 인류 역사와 함께 성장 및 확대되어 왔다. 원시시대와 현대에 이르기까지 공연예술의 역사는 다음과 같다.

2) 원시시대

공연과 인류의 역사는 더불어 성장하였으나 처음부터 예술의 형태

를 갖춘 것은 아니다. 공연은 개인적 측면과 사회적 측면 두 가지 기원으로 구분할 수 있는데 사회적 측면은 인간의 본능설, 제의 기원설로 설명할 수 있다. 인간은 타인을 모방하거나 본인의 경험을 타인에게 보여주고자 하는 욕구를 가진다. 또한 노동과 유희에 관한 본능을 업무의 과정 중 놀이를 통하여 삶에 활기를 불어넣고 즐거움을 누리려 한다. 또한 인류 초기의 모습은 본인의 안위와 더불어 풍요와 다산에는 인간의 힘을 능가하는 초월적 존재가 있다고 믿었으며 신에 의하여 좌우된다고 여겼다. 그래서 행복을 기원하기 위해 제의를 초월적 존재에게 바침으로써 신을 위한 행위가 이루어졌다. 제의적 행위에서는 인간 의사소통의 방편으로 작용하던 몸짓과 소리가 훨씬 극적으로 표현되고 반경 또한 커지게 되었다. 이처럼 일상적 필요성에서 점차 멀어져 세련된 형태로 변해가면서 자연스러운 공연의 형식을 나타냈다. 인간 욕구의 표현은 초창기에 몸짓과 율동에 국한된 행위였으나 점차 춤의 형태를 갖추게 되었다.

원시사회는 부족 간의 전쟁 활동이 일상을 이룰 정도로 잦았고 부족의 사기를 돋우고 승리를 축하하는 몸짓이 지배적이었다. 인간이 살아가기 위해 필요한 본능적 욕구를 시작으로 발전과 변형을 이룬 춤의 의식은 연극을 이루는 바탕으로 이어진다. 과거에는 현대와 같은 무대 공간의 형태가 아닌 평지 또는 풀밭에 모인 공연장의 형태를 띄고 있었다. 원시시대의 공연장은 관객으로 둘러싸인 원형의 모습이고 원형은 오랜 시간 신성스럽고 성스럽게 여겨졌다. 오늘날 아프리카 일부의 원주민 부족과 아마존 강 유역의 원주민들이 행하는 축제에서 이와 비슷한 모임의 형태를 취한다. 이처럼 원시의 음악과 춤, 이야기가 결합된 모습에서 현대 가무악(歌舞樂)의 형태를 볼 수 있다. 원시시대의 종교적 의의를 가진 신체의 움직임에서 세분화되어 연극, 무용 등의 독립적인 예술 장르로 정착하게 되었다.

3) 그리스 시대

그리스 시대의 연극은 종교와 밀접한 관계를 가졌다. 그리스인들은 신들이 인간을 보호하고 미래를 예견하는 능력을 가졌다고 믿어 신을 경배하는 축제를 도시국가별로 거행하였다. 신을 경배하는 축제 중 디오니소스라는 술의 신을 숭배하는 축제는 연극 발전에 큰 영향을 미쳤다. 아테네에서 진행되는 디오니소스 축제는 7~8일 동안 진행되고 그중 마지막 3일간은 3편의 비극과 1편의 사티로스 희극인 4부작의 공연이 매일 상연되어 경연 대회의 형태 또한 같이 띄었다. 축제가 끝난 후 비극과 희극 작가에 대한 시상식을 진행하였는데 당시 에스킬로스, 소포클레스, 에우리피데스 등 대표적인 비극 작가들이 있었다. 에스킬로스는 <페르시아인들>, <테바이를 공격한 일곱장수>, <오레스테이아> 3부작이 대표적이고, 소포클레스는 <트라키스 여인들>, <안티고네>, <오이디푸스왕>, <엘렉트라>가 대표적이다. 에우리피데스는 <메데이아>, <헤라클레스>, <헤카베>, <오레스테스>, <헬레네>, <탄원하는 여인들>이 대표적이며 다수는 지금도 여러 연출에 의해 다양하게 해석되고 있다. 당시 이러한 연극은 종교적 제례와 여흥의 모습을 동시에 보여 주었다.

사회계층의 구분 없이 모든 사람이 연극 공연에 참여할 수 있던 이유는 종교와의 연관성 때문이다. 연극은 국가에서 기획하고 관장하는 종교·문화행사로, 아르콘(archon)이라 불리는 고대 그리스의 집정관 즉 담당 행정관이 축제 이전에 작품을 선별하여 극작가에게 코레구스(choregus)를 지명해주는 방식으로 이어졌다. 당시 부유층에 속하는 코레구스는 부유한 시민 후원자로서 코러스 운영에 드는 경비와 연주자, 배우, 엑스트라에 이르기까지 출연료 및 비용을 지원하였다. 국가는 공연장소와 시상, 극작가의 급여 등을 제공하여 공연의 완성도를 향상시켰다.

국가와 아르콘, 코레구스와 더불어 그리스 시대 공연에 필수적으로 필요한 요소는 코러스이다. 코로디다스칼로스(chorodidaskalos)라고 불리는 코러스 교육의 담당자가 고용되어 코러스에게 가사, 음악, 무용 등의 교육을 시킨 것으로도 그 중요성은 의미를 가진다. 코러스는 그리스 연극에서 합창, 군무, 해설 등으로 공연의 분위기나 내용을 설명하는 역할을 한다. 구체적으로는 12~15명 사이로 구성되며 발생할 사건의 정보를 제시하거나 발생한 행위에 관해 설명하기도 하고 등장인물과의 대사 교환, 무대 밖에서 발생한 일에 대한 알림, 시민 또는 백성 등 등장인물로서 역할을 수행한다. 코러스는 관객의 공감을 끌어내고 가무를 겸비한 시각적 효과를 낸다. 이는 현대 뮤지컬에서 보여지는 코러스와 같은 역할을 한다. 그리스 시대의 코러스는 합창단과 지휘자 사이의 문답식에서 대화식으로 발전을 거듭하여 그리스의 연극으로 정착했다고 전해진다. 그리스의 독백과 대화를 도입한 최초의 배우는 테스피스(Thespis)로 오늘날의 배우를 뜻하는 테스피안(Thespian)의 어원이다.

그리스 극장은 자연 지형을 이용하여 언덕 또는 경사로를 활용하였고 객석이 마련된 테아트론과 배우들이 연기를 펼치는 원형 무대의 오케스트라, 무대의 구조물 스케네로 구성된다. 이 세 가지 구조물은 서로 인접하나 한 개의 통합된 건축물이 아니다.

4) 로마 시대

로마 시대는 초기엔 그리스 영향을 받았으나, 시간이 지나며 점차 대중 연희 형태의 공연이 발전하였다. 법률과 공학, 용병술 등 기술적이며 실용적인 분야에 뛰어났던 로마는 극장 예술에 있어 그리스와의 차이를 보였다. 로마는 오락적 요소를 연극에 가미하여 국민의 순간적 유희를 끌어냈다. 전쟁을 통한 영토 확장으로 지친 로마 국민을 위해서 사색을 제지하고, 고차원적인 비극보다는 희극 또는 대중 연희를 발전시켰다. 로마 시대는 극장 예술이 대중연회로 변화되고 발전되어 가는 과정에서 연극사적 의의를 가진다. 다양한 종류의 극형식들이 어우러진 로마의 극장 예술 중 첫 번째로 언급되는 것은 아텔라나 연희이고 마차경주 경기, 검투사 시합 등 로마는 다양하게 대중 연희가 중심을 이룬 형태였다. 아텔라나 연희(fabula atellana)로 불리는 짧은 연극은 한 배우가 가면을 착용하고 나와 무언가의 무용을 진행하면 코러스가 해설하는 형식의 팬터마임으로 당시 인기가 있었던 공연 장르다.

로마의 공연 제작에서 그리스와의 차이점을 발견할 수 있다. 축제는 보통 지방정부가 극단을 고용하여 관할하는 방식으로 집행되었으며, 도미누스라 칭해지는 극단은 대체로 최고참 배우에게 우두머리라는 직위를 수여하고 그는 극작가로부터 작품을 구매하거나 음악가를 고용하고 의상을 구매하는 일을 맡았다. 각 축제에 상의한 극단들을 고용하였으며, 인기 공연자들은 보상금을 위해 경쟁을 하기도 하였다. 연극에 고용되어 극단의 배우로서 무대에 오르는 최소 6명의 단원은 모두 남성으로 구성되었고 대개 로마인들은 한 유형의 배역에 정형화된 배우를 선호하였다. 가면을 착용한 채 연극을 진행하기에 표정 연기는 상대적으로 덜 중요하고 가면을 착용하지 않은 배우는 오직 마임 배우만이 전부였다.

로마와 그리스의 차이는 극장에서도 나타난다. 세 가지 기본적 단위로 구분되어 통합적 구조물이 아닌 그리스와는 달리 로마는 통합된 구조를 이루고 있고 오케스트라는 코러스의 쇠퇴로 인해 반원형의 형태를 띠었는데, 간혹 물을 채워 모의 해전 놀이를 벌였다. 또한 무대 위 지붕이 있어 날씨의 영향은 받지 않았으나 정교하게 장식한 무대 배경 장치 및 구조물, 거대한 단상 무대는 로마의 거리를 나타내는 중요한 요소로 작용하였다. 로마인들은 공연 시작과 배경 및 상황의 전환을 위하여 최초로 막을 사용하였다.

그러나 공화정에서 제국으로 변해가는 과정에서 로마의 연극은 타락했다. 원형극장 또는 정상적 극장에서도 곡예나 검투, 전차경주 등 비연극적 행위들이 다수 발생하였고 이러한 타락은 중세에 이르자 기독교인들에 의해 연극을 완전하게 금지하는 결과를 불러일으켰다.

5) 중세 시대

중세 시대에 연극은 교회에 의해 중단되었으나 역설적으로 연극의 시작 또한 교회라고 할 수 있다. 종교 개혁이 발생하기 전 라틴어로 작성된 성서를 일반인에게 쉽게 전달하기 위해 연극의 필요성이 제기되었다. 이처럼 중세 시대의 연극은 예배 시간을 이용한 성직자와 성가대원들 간의 성서, 설교 주제의 내용을 문답 또는 극적 형식으로 표현하여 일반인에게 보여줌으로 시작되었다. 중세 종교극은 신비극 또는 순환극, 기적극, 도덕극 등으로 분류한다. 신비극이란 천지창조부터 최후의 심판까지 일련의 성서적 사건을 연극으로 나타낸 것이고 에피소드 형식으로 연속되는 장면이 순환의 구조이기에 순환극이란 용어가 붙여진 것이다. 기적극 또한 성자들의 삶을 토대로 나타낸 것이고 도덕극이란 우화적 인물을 등장시켜 인물의 여행으로 도덕적 교훈을 모사한 극이다.

십자군 원정의 실패로 교회의 권위가 약해지고, 연극 제작 비용이 오롯이 교회 측의 부담이 되었다. 이러한 문제 외에도 제작방식이 점차 정교해짐에 따라 교회 내 실내 무대는 한계점이 있었고 교회 당국은 신성한 교회를 극장으로 사용하는 것에 반대하였다. 문제점이 발생하고 교회 안에서 행해지던 연극은 교회 옆을 시작으로 점차 교회에서 멀어진 시장 또는 마을의 광장에서 공연되었다. 연극 제작이 교회의 지배에서 벗어나게 되자 상인 계층 조합인 길드에서 담당하게 되었다. 길드가 담당하게 된 연극은 아마추어적 제작방식을 보였는데 이는 배우와 무대에서 나타난다. 성직자가 아닌 길드에 소속된 상인들이 적합한 배역을 맡았고 의상 또한 스스로 조달하였다. 무대는 두 가지 유형으로 나눠지는데 마을 광장에 건물을 배경으로 설치된 고정 무대와 마차 형태의 이동식 수레 무대이다. 두 공간은 공통적으로 맨션이라 불리는 구체적 배경과 플라테아라고 불리는 중립적인 공간으로 구성되었다. 관객의 상상력을 어느 정도 요구하면서 단순하고 직접적 전달이 가능한 극적 기법을 사용하고 상징을 활용하는 특징을 가지며 시간과 장소의 전환이 자유롭게 가능하였다.

한편, 현실과 종교의 갈등은 종교극과 비 종교극의 분화 현상으로 나타났다. 세속극은 대중적 오락물로 보통 불경스러우며 코믹한 특징을 가지고 있었고 교회의 위계질서와 권위에서 벗어난 '바보제'와 같은 대중의 축제에서만 공연되었다. 세속극엔 간음과 위선 등 일상에서 발생이 가능한 인간의 결점과 스캔들이 희극적 요소로 포함되었다.

6) 르네상스 시대

중세의 기독교의 권위에 반항하여 인간의 생각은 영원성에 관한 명상으로부터 현재, 여기의 문제에 집중하며 르네상스 시대로 접어든다. 인간에게 불가능이 없다는 생각은 신대륙으로의 항해와 발견, 음악, 예술, 문학의 위대함을 일깨우고 잠재적 두려움 또한 자유와 탐험, 정치적 술수를 불러일으켰다. 중세 유럽은 종교적 분위기가 연극을 지배하였다. 그러나 르네상스 시대는 완전히 다른 양상으로 흘러갔다. 비극과 희극에서 개별적 인간을 다루었고 영웅과 개성을 넘나들며 추구하였다. 연극은 철저히 세속적이며 비교훈적인 양상을 나타내며 르네상스는 근대 연극의 출발점이 되었다. 르네상스 연극은 새로운 경향의 모습으로 유럽 극장의 모습을 모두 바꾸었고 원근법의 무대, 프로시니엄 극장, 코메디아 델라르테(Commedia dell'arte)라는 요소들을 탄생시켰다. 세속적인 연극은 탄생 직후부터 화려한 장식과 장치에 비중을 두었고 화려한 의상과 다채로운 막간극을 통해 관객의 마음을 사로잡았다.

인문주의자라는 지식 계층의 관심과 애정을 받은 공식 연극은 주로 특별한 오락거리나 행사를 기념하기 위한 공연이다. 당시 이탈리아는 왕족과 귀족의 지배를 받았고 집단은 세력을 과시하기 위하여 호사스러운 궁정 예술가를 배치해 작품을 구상하게 했다. 이때 만들어진 궁정극장은 온 유럽으로 퍼져 나갔고 19세기까지 지속된다. 당시 귀족의 후원을 받던 아카데미 또한 극장 발전에 도움을 주었다. 건축양식과 고전연극 등을 연구하고 가장 인기 있던 주제와 당시 활기차고 감각적인 삶의 모습과 조악하며 세련된 모습들을 연극으로 그려냈다.

궁정극장과 아카데미 연극은 전부 특정 행사를 위한 것이며 관객 또한 제한되었다. 당시 서민들이 즐기던 연극 '코메디아 델라르테' 보다 고급의 의미로 지적인 연극이란 뜻을 가진 '코메디아 에루디타'로 불렸고 이 연극은 하나의 장치만을 가지고 있으므로 연출이 어렵다는 특징을 가진다. 그러나 관객은 특수효과나 스펙터클에 집중하였고 신화나 전설에서 얻어온 소재와 음악, 춤이 어우러진 연극에 만족하였다. 1597년 한 아카데미 공연에서 고대 그리스의 비극을 연구한 결과를 합창단과 음악, 춤, 대사를 노래로 했다는 기록이 있는데, 이를 오페라와 비슷하다 볼 수 있다. 이는 최초의 오페라라고 할 수 있는 야코포 페리의 <다프네>이며, 현재는 유실되었다. 이제 현존하는 최초의 오페라는 1600년 <에우리디체>이다. 이렇듯 오페라 또한 아카데미 학자들에 의하여 흥행 사업으로 변천되었고 관객들의 흥미를 이끌 음악과 특수효과를 다수 사용하였다. 오페라의 핵심 요소는 노래를 부르는 아리아(aria)와 대사의 역할을 하는 레치타티보(recitativo)다. 오페라는 이탈리아 내 최고 인기가 있는 공연 형식이 되었고 극장 양식과 함께 온 유럽으로 퍼져나갔다. 이러한 오페라(Opera)는 이탈리아 르네상스 시대의 연극형식 중 현존하는 유일한 장르로 드라마에 음악을 가미한 새로운 장르가 창조되었다. 오페라로 인해 그동안 공연의 중심이었던 작가가 아닌 모차르트와 같은 작곡가가 두드러지게 되었다.

르네상스 시대에는 시각적 욕구를 충족하고자 새롭게 등장한 목가극 또는 전원극이라는 장르가 있었다. 이 장르는 일종의 도피주의 연극이고 그 배경이 되는 시대는 황금시대로서 주 장소는 아카디아이며 등장인물들은 목동과 요정들이다. 르네상스 시대 사람들은 단순하고 명쾌한 시골 장소를 동경하고 그 덕분에 목가극은 학자들 사이에서 높은 인기를 얻었으며 종종 공연이 이루어졌다. 대표적인 작품으로는 타소의 <민타>를 들 수 있다. 르네상스 공간 개념은 통일성이 결여되고, 무대 장면의 조합과 분해가 가능하다는 것이다. 관객은 조직화된 전 공간을 한 번에 볼 수 있고 동시적 예술과 묘사의 통일성, 전체 내부의 논리성과 상호간 일치성에서 작품을 감상할 수 있다. 즉, 절대로 세부적 묘사에 머물지 않으며 부분을 전체에서 떼어낼 수 없고 모든 부분을 동시에 파악할 것을 강요한다. 여기에 시점에 따라 변화하는 무대 양식이 도입되면서 원근법이 창안되었고 초기 연극의 상연은 야외공원 또는 정원에서 시작하였으나 16세기에 이르러 연회장에서 상연되었다. 또한 최초의 영구적 극장은 1532년 페라라에 건설되었고 1584년 건설된 테아트로 올림피코는 현존한다. 250석 규모의 반타원형 객석과 소규모 오케스트라, 직사각의 무대 공간은 로마 극장의 복사판이나 무대 공간의 5개의 통로를 보유한 것은 그리스의 도시 광장과 거리를 재현한 것으로 관객의 시각을 제한한다.

발달된 상업으로 인해 이탈리아는 가장 먼저 르네상스가 나타났고 부유 계층과 귀족의 취향에 맞춘 연극과 일반 서민의 취향의 연극으로 구분되었다. 부유 계층을 위한 연극은 극장과 무대 장치술 등 여러 요소의 발달을 보였고 서민을 위한 연극은 민중연극 즉, 코메디아 델라르테의 발달 계기가 되었다. 코메디아 델라르테는 즉흥극 형식의 공연으로 즉흥적으로 연기와 대사가 구성되며, 대사와 행동은 사전 시나리오를 바탕으로 한다. 아르레킹, 판탈로네, 닥터 등 고정된 등장인물 유형이 등장하며 익살스러운 코미디 연출로 신체적 코미디 기법이 두드러지고, 사회 풍자와 해학적 요소가 강조된다. 대표적인 코메디아 델라르테 장르의 극작가로 몰리에르가 있다. 코메디아 델라르테는 무대, 관객에 따라 배우의 상상력과 연기력으로 즉흥에서 연기를 하는 것이기에 실내극장을 비롯해 시장 또는 축제 등 관객이 존재하는 곳이면 어디서든 공연이 가능하다는 특징이 있다. 대본은 줄거리와 전환점, 결말만이 작성되어 있고 나머지는 배우가 상황에 맞추어 즉흥의 연기를 선보였다. 대사가 아닌 상황에 의존하여 동작이 주가 되는 연극이기에 언어의 장벽을 넘어서 전 유럽적으로 인기를 끌었다. 이외에도 이탈리아와 프랑스에서 문화예술에 대한 창작 의욕이 재생되며 궁중무용이 귀족의 여흥으로 자리 잡았다.

영국은 이탈리아에 비해 늦게 르네상스를 맞았으나 그 파급력은 이탈리아에 못지 않았다. 영국의 르네상스는 일반적으로 '엘리자베스 시대'로 불리는데 이는 엘리자베스 1세 여왕의 재임(1558~1603) 기간 중에 일어난 주요 정치적, 사회적 현상이 다수 발생했기 때문이다. 엘리자베스 시대는 정치와 지리의 발견, 문학, 고전연구 등으로 많은 작가가 탄생하였다. 대표적으로 윌리엄 셰익스피어, 크리스토퍼 말로, 벤 존슨 등이 있으며 연극 또한 중요한 발전을 맞았다. 영국에서 발전된 무대 구조는 엘리자베스 시대의 삽화적 연극과 잘 어우러졌고, 중세의 신비극은 단상 무대의 공간을 다용도로 사용하였는데 이 공간이 르네상스 시대에서 시간, 공간의 구애를 받지 않으며 자유롭게 장면 전환이 가능한 이상적 공간으로 발전을 거쳤다. 엘리자베스 시대의 극장은 독특한 구조를 띄며 무대장치 기술 또한 발전하였고 대중극장과 사설극장 두 가지의 유형의 극장으로 구분된다. 1615년까지는 런던에 '극장(Theatre)', '지구(Globe)', '백조(swan)', '장미(Rose)', '커튼(Curtain)' 등 많은 극장이 대중을 위해 생겨났다. 큰 규모는 2~3천 명의 관객을 수용할 수 있으며 무대는 높이 1.2~1.8m의 단상이 주 무대로 활용되었다. 관객이 그 주위를 3면으로 둘러싼 형태로 주 무대 뒤쪽으로는 등장과 퇴장을 위한 문이 양쪽으로 있으며, 중앙에는 발코니가 자리 잡은 구조이다. 특별한 장치는 요구되지 않았으며 장소의 표현을 위해 바위, 나무, 침대 등의 소품을 사용하였다. 무대 바닥은 몇 가지의 트랩이 있어 한계의 영역을 표현 가능했고 지붕이 없는 극장이라 태양이 있어야만 공연 가능하였다. 단지 몇 가지의 소품을 통해 상황 설명을 하고 대부분 대사를 통한 장면의 배경, 분위기, 인물 등을 표현하였다. 그러나 사설극장은 실내 공간에 존재하고 높은 창문과 천장으로 이루어져 대중극장이 실내로 들어와 있는 구조로 날씨의 영향을 받지 않기 때문에 극단들은 겨울철 공연 장소로 활용하였다. 대중극장에 비하여 입장료가 비싸긴 해도 입장 신분의 제한은 없었으며 600~700명 정도를 수용할 수 있었다.

영국이 르네상스 시대를 맞이하고 왕권은 극장에 대하여 합법적으로 지배권을 늘려나갔다. 모든 연극 및 극단은 왕실의 허가를 받아야 연극이 가능하였고 모든 극단은 남작 이상 귀족으로부터 후원이 있어야 공연 허가를 받을 수 있었다. 이러한 제약에도 불구하고 공연은 전염병 발생 또는 종교적 축일을 제외하고는 매일 진행되었다. 주관객은 귀족을 포함해 상인, 노동자, 농민 등 남녀노소 다양한 구성을 보였고 그만큼 공연에 관한 취향이나 반응은 다르게 나타났다. 대부분 공연은 인기를 끌었고 매 공연이 끝날 때 노래와 춤, 코믹 요소를 추가하여 관객들의 기분을 유지한 채 돌아갈 수 있기를 배려하였다.

7) 스페인과 프랑스의 황금기

16세기 스페인은 황금의 시대라 불린다. 1580년부터 1680년에 이르는 100년간은 스페인 문화의 황금 시기이다. 스페인은 이 시기 동안 지속적으로 공연된 연극이 있는데, 크게 종교극인 아우토스 사크라멘탈레스와 세속극 코메디아스 누에바스라로 나눌 수 있다. 스페인에서 교회와 연극은 중세의 협력 정신을 유지하고 종교축제를 위한 성극을 작성하는 작가들이 다수로 존재하였다. 작가들의 성극을 전문극단이 공연하였고 영국과 비슷한 극장의 형태를 나타내고 있었다. 1574년 마드리드에 코랄이라는 대중극장이 생겨나고 비종교적 작품들의 공연이 이루어졌다. 궁에 세워진 코랄은 갤러리석과 지붕이 덮인 박스석을 가진 실외극장으로 대사를 통하여 장소를 알려주는 방법을 사용하였다. 코랄은 약 2천 명을 수용할 수 있고 그 중, 1천 석은 남성 관객, 350석은 여성 관객, 나머지는 예약된 박스석 및 관료, 성직자 전용으로 운영되었다. 스페인의 황금시대에도 극단은 지방관청의 지도를 받고 모든 연극과 극단은 허가가 있어야만 했다. 작품은 극작가에게 돈을 지불하고 구매하는 방식으로 작가에게 작품 당 작품료를 지불했다. 배우들은 다중역할을 소화하며 고정배역들이 등장하는 연극은 유행별 캐스팅의 방식이 성행했다. 황금시대를 대표하는 로페드베가와 칼데론을 비롯한 극작가들은 스페인의 영웅을 다루는 작품을 주로 탄생시켰다.

16세기, 17세기에 신고전주의 시대를 맞이한 프랑스는 상설극장을 최초로 건립한 국가이다. 프랑스의 황금기는 연극의 관행을 확장하였다. 극단은 일반적으로 8~12명으로 구성되고 여성 또한 극단의 일원이 될 수 있었다. 극단은 70여 편의 레퍼토리를 보유하여 언제든 공연 가능하도록 준비하였고, 무대의 올린 경험이 있는 작품일 경우 배우들의 간단한 커뮤니케이션을 통해 그 작품을 재공연할 수 있어야 한다. 프랑스를 대표하는 비극 작가는 꼬르네이유, 라신스가 있고, 희극 작가는 몰리에르가 있다. 이들은 모두 신고전주의 법칙을 따르고 작품을 탄생시켰다. 프랑스의 극장 형태는 테니스 코트를 개조한 것이 다수로 쉽게 극장으로 변경이 가능하다는 점에서 활용도가 높았을 것으로 사료된다. 주 무대 위에 작은 윗 무대가 존재하여 하늘을 나는 장면 등 특수효과를 표현하기 용이하였다. 신고전주의 시대 주요 극장은 1680년 루이 14세 때 건립된 코메디 프랑세즈로 1689년 국립극장으로 지정되었다. 이 역시 테니스 코트를 개조하였고 내부구조가 말발굽 모양으로 관람 여건이 용이한 편이다. 코메디 프랑세즈는 정부의 지원을 받은 국립극장의 등장이므로 연극사적으로 볼 때 중요한 이정표의 역할을 한다.

8) 계몽주의 시대

미국과 유럽은 1660~1875년 사이 정치를 비롯한 산업, 교육 구조에 있어 일대 변혁을 겪었다. 1560년 영국은 왕정이 복구되었으나 왕과 왕비의 권력은 이전과 같지 않았다. 18세기 말 미국과 프랑스는 혁명을 겪고, 나폴레옹의 출현과 함께 19세기 초반 절대주의로 회귀했지만, 왕권은 절대로 이전으로 돌아갈 수 없었다. 이러한 시기적 변화를 거치며 중산층의 중요성과 규모는 놀랄 정도로 향상되었다. 18세기의 다른 이름은 계몽주의 시대이다. 대다수는 인간의 정신과 능력은 무궁무진하며 지성으로 모든 문제는 해결 가능하다고 믿었다. 계몽에 이어 19세기는 진보의 시대로 산업 혁명이 발생한 시기이고 교통수단을 비롯한 제조업의 기계화를 이루었다. 18세기에 문제 해결의 가능성을 인간에 두었다면 19세기는 산업화가 그 역할을 대신하였다. 이처럼 정치와 사회적 변화는 예술에도 영향을 미쳤다. 음악은 바흐와 헨델로 대표되던 바로크 음악에서 모차르트, 베토벤으로 대표되는 고전주의로 발전을 거듭하였고 19세기에 슈베르트, 쇼팽, 리스트의 낭만주의로 이르렀다. 음악과 같이 연극도 큰 변화를 겪어 현대연극의 뿌리를 이루게 된 시기이다.

이 시기는 공연예술에서 새로운 장치들이 많이 탄생하였고 현대의 프로시니엄 아치형의 극장이 집중적 발전을 이루었는데 이는 현재의 브로드웨이, 서양 연극 등 어디에서도 쉽게 볼 수 있는 형태이다. 디자인과 무대 배경이 새로이 소개되고 한층 더 사실적인 무대효과가 보편화되었다. 촛불 조명이 쉽게 조절되는 가스 조명으로 바뀌었고 의상 또한 등장인물에 맞추어 디자인되기 시작했다. 오늘날 쉽게 볼 수 있는 극장 경영 또한 집중적으로 발전한 시기로 연극의 기업화가 시작되어 레퍼토리 극단의 쇠락은 장기 공연, 인기 배우의 스타 시스템으로 교체되었다. 연기술은 일상생활 묘사에 초점을 두고 드라마 형식으로 변화되었다. 교훈과 감상을 적절하게 배합한 연극은 관객의 눈물을 끌어내고, 멜로 드라마 스토리는 아직도 오늘날의 영화산업 및 TV 프로그램에 막대한 영향을 미친다. 18세기는 쉽게 말하면 연극의 실험적 시대이다. 연극에서 발라드 오페라, 감상희극, 희가극, 중산층 비극 등 수많은 형식으로 발전하였고 혁신을 시도한 작가들은 신고전주의 법칙에서 벗어나기 시작했다. 무대 조명으로 색을 나타내기 위해 실크 막을 활용하고 기름 램프, 조명을 숨기는 방식 등으로 변화를 주었다. 또한 무대에서 입체적인 소품을 흔히 사용하고 의상 또한 역사적 정확도를 높여나갔다. 데이빗 개릭과 같은 배우들도 실생활에서 보여지는 연기 방식을 선보였고 실제 요소를 활용해 사실화 경향이 두드러지면서 사실주의로 변화되었다. 연극의 공연 시간 또한 점차 늦어져 5~6시 사이에 막이 오르는 경우가 다수였으며 저녁 공연의 내용은 음악, 정규, 막후극 등 다양하게 구성되었다. 이전 시기들과는 다르게 연출가의 출현으로 배우, 연출 간의 구분이 나타났고 공연을 감독하며 중심적 위치에서 통일성을 발휘하여 공연 제작의 완성도를 높이고 현재까지 공연에서 중요한 위치를 차지한다. 1800~1875년 사이의 연극의 변화는 현대연극의 길을 마련하기 위한 것이라 보인다. 가장 대중적 장르는 멜로 드라마이고 서커스, 보드빌, 벌레스크, 버라이어티, 어릿광대 쇼 등 공연물이 유행하였다. 관객 수가 증가하고 오락물의 양식 또한 다양해짐에 따라 서구 전역에 많은 극장이 건설되고 경우에 따라서는 무대보다 객석이 훨씬 크고 넓은 면적을 차지하였다. 공연에 가스 및 전기를 활용함으로 조명 조절의 기반을 갖추었다.

9) 사실주의 시대

사실주의와 자연주의가 도래함에 따라 현대연극 또한 함께 시작되었다. 현대연극의 가장 대표적인 극작가는 헨릭 입센, 오거스트 스트린드베리, 버나드 쇼, 안톤 체홉 등으로 이들은 논쟁적이며 시사적인 작품을 무대에 올렸다. 사실주의 작가들은 관객으로 하여금 무대 위에서 발생하는 행위들이 일상을 재현함을 믿게 하려 노력했다. 실제보다 큰 규모의 인물이 등장하여 마녀, 유령과 같은 초자연적 존재의 출몰을 나타낸 19세기 드라마적 연극과는 달리 사실주의는 드라마처럼 삶을 거울에 비추어 만들어졌다. 관객의 눈으로 바라보는 무대 위 행위는 일상에서 쉽게 볼 수 있는 것들이고 인물은 보통의 사람처럼 얘기를 전달하고 행동하였다. 물론 오늘날의 시각으로 바라볼 때 혁신적 개념으로 인식할 수 없으나 19세기 후반은 사실주의 연극에 분개하였다. 많은 연극 애호가를 비롯한 비평가들이 노골적인 표현으로 관객의 신경을 건든다는 점이 이유가 되었고 일상적인 삶을 묘사할 때 어떠한 것도 배제하지 않는다는 것 또한 지적 사유가 되었다. 그러나 사실주의자들은 금기의 주제를 가지고 있었고 그 주제는 경제 불평등, 남녀 차별적 성도덕 기준, 불행한 결혼, 성병, 종교적 위선 등이다. 관객의 관심을 사회문제로 이끌고 사회의 변화를 가져옴이 드라마의 목적이며 단순한 도덕적 판단으로 드라마의 행위를 행복하게 마무리 짓는 것을 거부하였다. 통속적으로 전해지던 멜로 드라마와 달리 사실주의 작품들은 종종 도덕과 부도덕을 구별, 정의하기에 용이하지 않음을 함축적으로 내포하고 있었다.

사실주의 작품에서 등장인물은 고정된 유형이 아닌 복잡한 인격을 나타냈고 그것은 실제 인간과 다름없이 유전 및 환경에 의하여 탄생한 듯 보였다. 인물의 언어는 구어체를 사용하여 묘사적이고 동작 또한 일상생활을 보여주듯 자연스러웠다. 무대는 인물의 성격 및 행동에 영향을 주는 환경이기에 역할을 한다고 볼 수 있다. 이러한 변화는 사실주의 시대에 큰 혁신을 가져왔고 지금까지 내려온 연극적 관습과 전통을 철저히 위배한 전혀 다른 양식으로 볼 수 있다. 혁신적인 사실주의에 대립한 반발 중 하나는 상징주의인데 아피아, 크레이그, 데이어홀드, 타이로프 등 사실주의 연극의 관례를 깨고 상징주의와 반사실주의 부대화를 실험한 작가들이다. 1차 세계대전 후 2차 세계대전이 일어나는 동안은 사실주의를 반하는 공연사의 또 다른 변혁 시기로 유럽에선 표현주의, 초현실주의, 다다이즘, 미래파를 포함한 반사실주의 운동이 전개되었다. 아시아와 서구의 접촉이 증가함에 따라 연극의 상호 문화적 교류도 활발해졌다.

19세기 산업 혁명의 시대에는 대중 연희가 발달하였다. 백인 연기자가 희화적인 흑인 분장과 연기를 하던 민스트럴쇼(minstrel show), 셰익스피어나 인기 멜로 드라마 등 진지한 극을 패러디한 벌레스크(burlesque), P.T. 바넘이 대중화시킨 서커스(circus) 등이 대표적이다. 이때 관객의 발전은 극장의 폭동과 연결되어 가격인상, 박수부대, 팬덤 간 경쟁이 일어났다. 또한, 이 시기에 그동안 작가, 배우 등이 연출해왔던 것과 다르게 직업적 연출이 등장하였다.

10) 현대

1945~1970년 사이 다양한 연극 운동들이 있었다. 부조리극의 핀터, 이오네스코, 베케트의 작품은 현재까지도 큰 영향을 미치고 있다. 미국의 아서 밀러와 테네시 윌리엄스는 사실주의 양식 속에서 선택적 사실주의를 활용하여 극작품을 만들었다. 리템 시어터나 퍼포먼스 그룹, 오프 브로드웨이와 지역 극단은 상업주의의 이탈을 추구하였고 지역 전문극단은 여러 도시에 위치하여 확고한 이미지를 띄었다. 이때 미국의 흑인 예술인들은 1950년과 1960년에 걸쳐 시민권 논쟁에 관해 극작품을 쓰고 공연 극단을 창설하였다. 1970년 이후는 전 세계적으로 그리고 연극 전반에 걸쳐 격변기라 할 수 있고 포스트모더니즘의 연극을 하는 예술인과 극단은 역사를 다룬 작품들을 다양한 시각에서 해석하고 급진적 재해석을 통해 논쟁적인 공연을 창조하였다. 극작가들은 대중예술로부터 영감을 얻어 광범위하며 다양한 기법을 활용함으로써 혼란적 요소를 가진 정치, 사회적 사건을 연극으로 다루었다. 또한 1970년 이후에 상연한 연극들은 동시대 사회의 모습을 반영하고 성 정체성과 성

별, 인종 등의 문제를 다루기도 하였다. 작품은 특정 인종과 민족, 제3세계, 여성 위주 등 다양하고 광범위한 연극의 탄생도 이 시기에 이루어졌다. 이처럼 연극은 새로운 양식을 범주화하고 도전을 통해 발전을 이뤄내고 있었다. 시각예술과 무용에서 차용한 요소와 기법을 혼합하여 결합된 공연예술은 중요한 형식을 이뤘고 새로운 보드빌리언이라 알려진 수많은 예술가가 희극적 기법을 활용하여 세상에 대한 논평을 연극으로 나타냈다. 전세계적으로 많은 극단은 연극 연출의 전문성을 가진 사람들을 고용하여 새로운 문제에 직면하고자 노력하였다. 또한 재정적 문제와 관객 감소의 문제에 대한 대처 방안을 분석하고 발전을 거쳐 지속적인 연극의 번성을 이끌어내고 있다.

이 시기에 뮤지컬이 나타났다. 오페레타(Operetta)의 형식인 노래, 대사, 춤 등이 유기적으로 결합한 뮤지컬은 신생국인 미국의 문화, 사회적 배경 하에 성장한 공연 형식으로 일반 대중이 공연 시장에 주요 관객으로 부상하며 오페라보다 대중적이고 재미있는 뮤지컬이 큰 인기를 얻게 되면서 미국에서 대중극으로 정착하게 되었다. 뮤지컬의 황금기인 1930년대는 뮤지컬이라는 장르가 공연예술로 완성된 시기이고, 뮤지컬 발전기인 1950~60년대 전반은 예술성 상향을 위해 공동 작업이 성행하였다. 뮤지컬 전환기인 1960~70년대는 사회적, 사실적 주제와 진지한 내용이 포함되었으며, 현재는 첨단 메커니즘을 활용하여 화려하고 스펙터클하다.

라. 극장의 기원과 종류

1) 극장의 기원과 분류

극장[theater, 劇場]의 사전적 의미는 무대예술을 공연하는 장소로서 무대와 관객석을 갖춘 건축물로 원래 연극을 하는 장소만을 지칭하다가 무용·음악·예능 등의 모든 무대예술을 하는 장소로 극장의 개념이 확대되었다. 극장(theatre)의 어원이 관람석(theatron)을 뜻하는 말에서 나왔듯이 극장은 배우와 관객을 하나의 공간 속에 연결하는 데 의의가 있으며, 그 건축양식이나 구조는 시대적 변천을 겪어 왔다(한국민족문화대백과).

극장의 건립 이유는 신을 기리는 축제에서 비롯되었다는 설이 가장 설득력 있다. 현재까지 가장 오래된 극장인 디오니소스 극장은 기원전 5~6세기경 건립되었으며, 당시 1만 5천여 명을 수용할 수 있었다. 디오니소스 극장은 디오니소스 신을 기리는 것을 시작으로 아테네인의 집회, 축제, 오락의 장소로 중요한 의미를 지닌다.

일반적으로 객석 수에 따라 공연장을 분류할 때는 문화예술진흥법에서 300석 미만의 공연장을 '소극장', 300~900석의 공연장을 '일반공연장', 1,000석 이상의 공연장을 '대공연장'으로 분류하나 객석 수를 기준으로 공연장을 분류하는 방법의 기준이 모호한 면이 있기에 공연법에 의한 무대 시설 안전을 진단하는 분류기준에 따라 500석 미만을 '소극장', 500~1,000석을 '중극장', '1,000'석 이상을 '대극장'으로 분류한다.

2) 극장의 종류

① 프로시니엄 아치 무대(Proscenium arch stage)

무대와 객석이 프로시니엄 또는 프로시니엄 아치라는 구조물에 의해 명확히 구분되며, 관객은 프로시니엄에 대해 정면으로 배치되어 공연을 관람한다. 프로시니엄 씨어터 양식은 근대 시민 사회의 등장과 함께 확립된 전통적인 극장 스타일로 수용인원은 극장의 규모에 따라 다르다. 무대 양측에는 대도구를 숨길 수 있는 공간이 확보되어있고, 무대천장에는 배경 장치를 내리거나 올릴 수 있는 기구가 설치되어 스펙터클한 무대 연출이 가능하다.

그림 1. 프로시니엄 아치 무대(국립극장 해오름극장)

② 돌출 무대(Thrust stage)

무대가 객석쪽으로 돌출되어 있어, 객석이 무대를 세면에서 둘러싸고 있는 구조로 엘리자베스 시대의 글로브극장(Globe Theatre)이 대표적인 사례다. 관객들은 무대 주변에 배치되어 공연을 관람하고, 관객과 배우 간의 거리가 가까워 보다 친밀한 연극 경험을 제공한다. 관객석이 무대를 둘러싸고 있는 구조로 인해 무대 연출의 유연성이 높은 것이 특징이다.

그림 2. 돌출 무대(셰익스피어 글로브극장)

③ 원형 무대(Arena stage)

관객이 무대를 완전히 둘러싸고 있는 형태의 극장구조로 무대는 관객석을 중심으로 원형으로 배치된다. 관객과 배우 간의 거리가 가까워져 보다 친밀한 연극 경험을 제공한다. 무대장치나 대규모 장치물 설치가 어렵고, 비용 효율적인 무대 제작이 가능하다. 고대 로마의 원형경기장이 이 무대 형식의 선구자라고 볼 수 있다.

그림 3. 원형 무대(국립극장 하늘극장)

④ 블랙박스형 무대(Flexible Stage, 가변형)

무대와 객석의 구조를 다양하게 변화시킬 수 있는 형태의 무대로 작품의 성격과 연출 의도에 따라 무대 공간을 유동적으로 구성한다. 작품

그림 4. 블랙박스형 무대(아르코예술극장 소극장)

의 특성에 맞는 최적의 공간 구성이 가능하다. 가변형 무대는 공연 장르와 연출 방식의 다양화 추세에 부합하는 유연한 공연 공간을 제공하며, 관객과 배우 간의 거리가 가까워져 보다 친밀한 연극 경험을 제공한다.

3) 주요 무대 관련 용어

① 무대(Stage): 배우의 연기구역 및 무대장치에 필요한 공간으로 프로시니엄 아치 기준 뒤편

② 윙(Wing): 무대 양쪽 공간, 이 공간에는 무대 소품을 보관하거나 배우의 대기 공간으로 활용

③ 에이프런(Apron): 프로시니엄 아치 기준 앞편으로 돌출된 무대(약 150~450cm)

④ 오케스트라석: 연주하는 공간으로 승강 여부에 따라, 객석, 무대, 오케스트라석으로 변형

Back Stage (뒷무대)		
Upstage Right (위 무대 오른쪽)	Upstage Center (위 무대 중앙)	Upstage Left (위 무대 왼쪽)
Stage Right (무대 오른쪽)	Stage Center (무대 중앙)	Stage Left (무대 왼쪽)
Downstage Right (아래 무대 오른쪽)	Downstage Center (아래 무대 중앙)	Downstage Left (아래 무대 왼쪽)
Apron Stage (앞무대)		
객석		

그림 5. 무대 공간에 따른 명칭

02

공연기획

가. 공연기획이란

1) 공연기획의 의미

기획의 사전적 의미는 어떤 대상에 대해 그 대상의 변화를 가져올 목적을 확인하고, 그 목적을 성취하는 데에 가장 적합한 행동을 설계하는 것이다(행정학사전). 따라서, 기획이란 행위 주체의 의도와 목적에 의해 목표를 설정하고, 그 목표를 달성하기 위하여 행동하는 모든 과정을 의미한다. 이에 공연기획은 예술 단체의 설립 목적이나 공연의 추진 목적에 따라 목표를 설정하고, 그 목표를 달성하기 위해 행해지는 모든 과정을 의미한다고 할 수 있다. 가장 일반적으로는 예술가가 공연을 무대에 올리는 과정부터 관객을 불러 모으는 모든 제반 활동을 말한다고 할 수 있다. 세부적으로는 작품의 구상과 선정, 공연 제작 및 기획, 홍보와 마케팅, 공연실시, 공연 결산, 공연 평가 등에 이르는 공연의 시작과 끝의 모든 과정이라고 할 수 있다.

현재 국내에서 공연기획은 공연 관련 인적관리, 공연물 제작, 마케팅과 프로모션, 시장개발, 고객 만족, 관객 개발, 기금(협찬 및 후원) 조성, 재정관리, 실적평가 등 공연이라는 전문 분야 사업의 모든 부문에 관여되어 있으며, 고도의 정신적 창의력이 요구되는 무대예술 작품의 기획 업무는 그만큼 높은 전문성과 경영성이 필요할 뿐만 아니라 일반 분야의 기획보다도 한 단계 발전된 기량과 지식과 경험이 요구된다(곽민영, 2009).

2) 공연기획자의 의미와 역할

공연예술 분야에서 예술가와 관객 사이에서 매개 역할을 하는 기획 인력은 창작자와 관객의 만남을 연결하는 인적자원이며, 문화 매개 전문인력이라고 표현한다(한윤선, 2014). 이들은 다양한 활동 영역만큼 예술경영인, 공연기획자, 공연예술 전문인력 등의 이름으로 표현되지만, 통상 기획자라고 불린다. 이들의 선행연구는 <표 1>과 같다.

표 1. 선행연구에서 공연기획자 용어 정의(한윤선, 2014)

연구자	용어	정의
강석홍 (2001)	공연기획자	공연을 전문으로 기획 운영하는 전문가로서 공연예술에 대한 심미적 안목, 기획적 아이디어, 경영 마인드가 두루 필요한 복합적인 재능을 가진 자
김주호·용호성 (2002)	공연기획자 프로듀서	공연을 위한 일체의 과정(구상·계획·실행·사후정리)을 포함하여 진행하며, 공연이라는 특정 프로젝트를 매니지먼트 하는 자
Heinrichs (2003)	예술경영인	예술작품을 수용자인 관객에게 전달하고 소비하도록 조정하는 매개자

이정현 (2005)	문화예술기획 및 경영인력	문화예술 프로그램을 기획, 설계하거나 문화예술 단체, 조직, 기관을 경영하는 자
김만석 (2006)	공연기획자	공연기획이라는 과정을 통해서 어떤 공연예술을 완성된 작품으로 무대화하는 자
이승렬 (2008)	공연기획자	관객의 호응을 끌어낼 수 있는 공연을 기획하고, 예술 교육 활동을 병행하는 자
황준옥 (2008)	공연예술 전문인력	공연예술과 관련된 모든 형태의 전문교육을 받고 공연 예술 분야에 종사하는 자
Chaudhry (2008)	프로듀서	예술과 돈의 관계를 잘 설정하여 공연이라는 프로젝트를 보호하는 자
이인권 (2009)	공연기획자	예술의 내재적 기능의 의미를 실현하며 예술가들의 창의 역량을 관리해주고, 문화예술을 기획/홍보하여 관객과 만나게 하는 일체의 업무를 하는 자
이승엽 (2001)	공연기획자	창작과 향유의 매개자로서, 예술경영의 대표적 역할인 공연기획을 통해 관객과 예술작품이 미학적 계약을 체결하도록 돕는 자
한윤선 (2014)	공연기획자	예술 활동의 주체(예술가, 관객)에 따라 반복적·지속적·독립적인 예술 활동이 발생하도록 각 주체들을 매개하고 발전하도록 돕는 자

공연기획이라는 영역은 공연예술의 기획, 경영, 마케팅, 연출 등의 총괄적인 계획수립과 모든 집행과정을 말하며 생산자인 공연예술가의 공연작품을 보다 광범위하고 적극적인 수단으로 수용자인 관객에게 전달하기 위한 모든 행위를 말하며, 이러한 공연기획을 담당하는 기획자의 역할을 다음과 같이 정리하고 있다(전성환, 2003).

(1) 기획자는 계획자(planner)다. 기획자는 적절한 비용 투자와 함께 그 효과를 위해서 누구보다 정확한 미래에 대한 예측과 계획하는 계획자여야 한다. 면밀한 사전 조사와 분석을 통해 정확한 계획으로 제작된

프로그램이 제작된 프로그램의 성패를 좌우하기 때문이다.

(2) 기획자는 조직자(organizer)다. 아무리 좋은 기획이라 할지라도, 실행하는 단계에서 실체를 만드는 연출 스태프와 제작 스태프가 기획자의 의도를 따라주지 못하면 결국 기획자의 기획과 제작 결과물이 차이가 생기는 오류를 범할 수 있다. 따라서 기획자는 얼마나 좋은 조직을 구성할 수 있는지가 성공을 위해서 중요하다.

(3) 기획자는 흥행사(promoter)다. 기획된 작품이 가진 특성과 그 역할에 따라서 사람들의 관심과 재방문을 유도할 수 있는 흥행 작품을 만들어야 한다.

(4) 기획자는 매니저(manager)다. 기획자는 조직자로서의 역할을 충실히 이행했더라도 실제 제작 단계에서 각각의 개성이 다른 제작 스태프를 관리하고, 최고의 능력을 끌어낼 수 있는 역할이 필요하다.

(5) 기획자는 문화 촉매자(animator)다. 변화하는 시대의 흐름과 트렌드에 민감해야 하며, 관객들의 선호 성향과 주된 관심사를 항상 분석하고 정보화하여야 한다.

(6) 기획자는 제작자(producer)다. 정확한 예산 수립과 조직자, 매니저의 역할 수행을 위해서 제작과 제작 현장을 알고 제작자 역할을 하는 것은 기획자의 가장 중요한 역할 중 하나이다.

(7) 기획자는 보고자(reporter)다. 공연에서 기획의 최종 목표는 바로 설득이다. 따라서 아무리 좋은 기획이라고 할지라도 결재권자를 설득하기 위해서 보고서의 스킬과 문서 능력을 키워 보고자 역할이 잘 이행하여만 한다.

(8) 공연기획자는 제작비 마련부터 캐스팅 홍보까지 공연의 모든 것

을 책임진다. 뮤지컬 <난타>를 제작한 송승환 PMC 프로덕션 대표는 "공연기획자는 공연에 관한 A부터 Z까지를 총괄 책임지는 사람"이라고 설명했다. 또한, "공연이라고 하면 단순히 무대 위의 배우만 생각하는 경우가 많은데 무대 뒤에는 배우들의 몇 배에 달하는 스태프들이 보이지 않는 노력을 한다"고 말했다. 즉, 공연기획자는 연출, 무대, 조명, 음향, 의상, 세트, 분장, 소품 등 100여 명에 이르는 스태프 인원을 통솔해야 하며, 배우 캐스팅에 대해서도 오디션을 통할지 티켓 파워가 있는 스타의 배우를 캐스팅할지 결정하는 것도 공연기획자의 몫이다. <표 2>는 공연기획자의 주요 관련 업무를 나타낸 표이다.

표 2. 공연기획자의 주요 관련 업무

직무별	주요 과업
기획	작품 구상/선정, 공연 제작, 공연 확정/계약, 홍보 마케팅, 공연 진행, 공연 결산 등
제작	오디션, 스태프와 출연진 계약, 극장 대관, 연습 진행, 셋업, 공연 실행 등
대관	대관 공고 및 심사, 대관 운영, 연습실 운영 관리, 공연장 시설관리 등
고객지원	하우스 관리, 콜센터 운영, 매표소 관리, 주차관리, 부대시설관리, 회원 관리 등
홍보	홍보전략 수립, 실행, 계약, 매체별 홍보, 홈페이지 운영 등
마케팅	마케팅 전략 수립, 광고, PR, 관객 개발, 티켓 가격설정, 기업협찬, 공공기금 유치, 티켓 판매 촉진, 예매처 관리, 티켓 운영, 티켓 정산 등

이러한 공연기획자에게 요구되는 능력은 공연 차별화를 위한 핵심 능력인 창조력과 창의력, 현황 파악을 위한 정보 수집 능력, 문제의 원인을 파악하고 해결할 수 있는 분석 능력, 현황과 문제점 분석을 통한

실행이 가능한 실행 능력이다. 또한, 공연기획자에게 요구되는 지식은 공연예술의 이해, 공연장과 무대의 이해, 스태프/배우에 대한 안목과 섭외 능력, 홍보 마케팅 전문성, 예산 및 결산을 포함한 회계 처리 능력, 문서 작성 및 컴퓨터 활용 능력, 외국어 능력, 공연 관련 법률 등과 같다.

나. 공연 상품

공연 상품은 예술가들이 제공하는 '공연'뿐만 아니라 관객들이 공연을 감상하는 과정에서 생기는 전반적인 경험이 '상품'으로 경험된다. 이승엽(2001)은 『극장경영과 공연제작』에서 "공연 상품은 분리할 수 없는 여러 상품의 조합인 토털 상품(total product)로 소비"되며, 핵심 상품, 기대 상품, 부가 상품으로 나누어서 공연 상품을 확장해서 설명하고 있다. "핵심 상품은 관객에게 제공되는 가시적이고 핵심적인 상품을 말"하며, 기대 상품은 "입장권 구매방식, 극장의 편의성, 접근의 편의성, 주차 시설, 식음료 시설"이 모두 포함되며, "부가 상품은 소비자의 일상적 기대를 넘어서는 것이므로 적극적 마케팅을 주로 개발된다. 오페라나 뮤지컬을 볼 때 VIP 좌석에서 뷔페식 저녁 식사를 함께 제공받을 수 있다거나 공연 후 주역과 사진 촬영의 기회를 주는 것, 공연 전에 티켓 구매자 집으로 프로그램을 미리 발송하여 작품에 대한 사전 이해를 돕게 하는 것이 이 범주에 들어간다." 이러한 공연 상품을 세부 항목별로 구분하면 아래와 같다.

(1) 공연: 작품의 질, 재미, 감동, 새로운 경험, 영감, 무대의 창의력과 화려함, 배우 기량 등

(2) 서비스: 매표 및 안내원의 친절도, 극장 내 식당의 서비스 등,

(3) 공연장 홍보물, 웹사이트, 프로그램 북, 기념품 등

(4) 접근성: 교통의 편리함, 주차 시설, 표지판

(5) 공연장 시설: 로비 사이즈, 사이트 라인, 좌석의 편안함, 음향, 화장실, 실내 온도 등 공연장 및 관객 분위기

(6) 피드백: 공연 관람 후 피드백, 불만사항의 접수 및 처리

공연 상품은 손으로 만져볼 수 있는 물건이 아니라는 점에서 무형성, 매번 다른 상품을 소비한다는 이질성, 공급하는 무대와 소비하는 객석이 함께 한다는 동시성, 저장과 반환이 불가능하다는 소멸성 등 서비스 상품의 특징과 상당히 유사한 성격을 지니고 있다(이승엽, 2001).

다른 서비스 상품과 차별되는 공연 상품의 특성은 형태가 없고 '경험과 체험'을 바탕으로 한다. 공연이 되기 전까지 질적인 퀄리티에 대한 검증은 어렵다. 공연은 기록되거나 보관할 수 없는 '현재의 예술'이다. 일정한 시점에 판매되지 않는 티켓은 영원히 소멸된다. 이는 프로모션의 시점, 방법, 티켓 가격, 공연 횟수, 공연 시간을 결정하는데 큰 영향을 미친다. 동일한 공연이라도 매회 마다 작품의 결과가 달라지며, 개인적인 경험과 취향에 따라 작품평가도 달라질 수 있다. 또한, 공연 외적인 경험에 의해서도 감동의 정도의 달라질 수 있다.

상품의 생산과 소비가 동시에 발생하며, 공연 진행 과정에 적극적인 주체로서 관객이 참여할 수 있다. 전통 판소리의 경우 관객의 반응인 '추임새'에 의해 공연이 완성되며, 최근에는 관객이 공연의 창작 주체로

서 참여하는 상품도 적극적으로 개발되고 있다. 정해진 시간에 집단으로 소비되는 특징이 있다. 일정한 장소에서 일정한 시간 소비한다는 점이 교통 서비스와 일치하는 부분도 있지만 결정적으로 같은 공급물을 다수가 동시에 소비한다는 차이가 있다.

다. 공연기획의 과정

공연기획은 크게 프리-프로덕션(사전 기획), 프로덕션(연습 및 공연), 포스트-프로덕션(정산 및 평가)의 세 단계로 진행되며, 대표적으로 작품 구상 및 선정, 공연 제작 및 기획, 홍보 마케팅, 공연 실행, 공연 결산, 공연 평가의 세부 과정으로 이루어진다. 효율적인 공연기획 계획을 수립하기 위해서는 이러한 전체적인 과정에 대한 이해가 필요하다. 공연에 따라 전체 진행 단계가 차이가 있을 수 있으나 일반적으로 적용될 수 있는 공연기획의 세부 과정은 <표 3>과 같다.

표 3. 공연기획의 세부 과정

단계	내 용
① 목적 점검 및 공연 구상	공연 목적 점검, 작품 구상 및 선정, 사업계획서 작성
② 재원 마련과 예산 계획	재원 마련, 예상 수입과 지출 내역 조사, 예산 계획
③ 극장 대관	공연이 이뤄질 공연장 대관: 정기/수시 대관을 통해 대관 진행
④ 공연 스태프 구성	공연 규모에 따른 기획/제작 스태프 구성 및 업무분장

⑤ 공연 제작 회의	공연 제작에 필요한 회의 및 행정 업무
⑥ 배우 캐스팅	공연 배우 캐스팅
⑦ 공연 지원업체 구성	무대 제작과 기술 지원 및 홍보 마케팅 지원업체
⑧ 공연기획 회의	홍보 마케팅 전략 구축
⑨ 공연 연습	공연 연습
⑩ 홍보 마케팅 실시	각종 홍보물 디자인 및 제작, 홍보, 광고, 협찬
⑪ 스태프 회의	극장과 스태프 회의 운영
⑫ 무대장치 반입 및 리허설	무대 기술 사항 정리, 셋업, 리허설, 프레스콜, 테크 리허설 등
⑬ 공연	매표소, MD 상품 판매, 공연 진행
⑭ 투어 공연 유치	초청, 대관, 공동제작 등의 방식으로 투어 공연 유치
⑮ 공연 결산	수입과 지출에 관한 결산
⑯ 공연 평가	내·외부 전문가와 내부 평가 및 평가 회의 개최

1) Pre-Production: 사전 기획

① 목적 점검 및 공연 구상

공연사업구상, 작품 구상, 공연작품 선정은 예술성, 사업성, 자아실현 등 목적을 명확히 해야 하고, 제작할 작품의 소재, 주제, 분위기, 이야기 구조 등에 대해 구상해야 한다. 공연작품 선택 시 유의 사항은 작품 선택 및 분석 과정, 현시점에서 왜 이 작품을 공연하는가에 대한 분명한 이유, 연출, 작가, 드라마투르그 등과 철저한 작품 분석, 실제 공연 시 대본을 위한 수정 작업, 작가와의 저작권 협의 등과 같다. 공연 제작방식은 창작, 작가 대본을 활용한 제작, 해외 작품의 라이선스 구입 제작이 있다.

공연 성공의 조건은 예술성, 독창성, 시의성, 오락성 등이 공연과 적절한 조화를 맺을 때 가능하다. 공연 구상 시 필요 능력은 정보 수집 능력이며 수집 방법은 인적 네트워크, 독서, 미디어, 온라인, 경험 및 체험 등이다.

공연은 정해진 어떤 시기에 완성된 형식으로 무대에 올라야 한다. 제작진은 항상 시간에 쫓기기에 시작 단계에서 계획했던 내용들을 조금씩 포기하며 작업을 진행해야 한다. 따라서, 최대한 시간을 줄이고 공동 협업 작업을 효율적으로 진행하기 위해서는 일정 관리가 필수적으로 요구된다. 공연 제작일정의 한 예시는 <표 4>와 같다.

표 4. 공연 제작일정 예시

구분	제작	체크 포인트	홍보 마케팅	체크포인트
3개월 전	주요 스태프 구성 배우, 제작진 확정	작품의 충분한 이해와 분석	계획서 수립, 협찬 제안 시작 이벤트 계획, 커뮤니티 홈페이지 홍보 시작, 작품의 약점과 강점 파악	작품의 이해와 분석 시선을 끌 수 있는 메인 이미지 제작 중요
2개월 전	연습 시작	연출의 표현	티켓 판매, 1차 보도자료	가격정책 및 타겟 선정
45일 전		관객의 시선에서 바라보기: 문제점 수정 및 보완	홍보 마케팅 집중 기간: 인쇄 및 옥외 홍보물 배포, 단체관람 추진, 협찬사 확정	
15일 전	무대 제작	최종 리허설, 점검		
5일 전	무대 셋업	점검	프로그램 제작, 2차 보도자료 발송, 프레스콜	
공연 중	수정, 보완		이벤트 제공, 보도자료 2차 프로그램 제작	관객반응에 대응
공연 후	테크 라이더 정리	작품의 가능성 판단 재공연 결정	정산 및 결과 보고 언론 리뷰 정리	작품의 가능성 판단 재공연 결정

② 재원 마련과 예산 계획

재원 조성이란 공연 제작에 필요한 제작비와 홍보 마케팅 비용을 포함한 총예산을 확보하는 모든 과정 및 행위를 말한다. 민간 공연예술단체 또는 제작사에서 재원을 조성하는 방법은 다음과 같다.

(1) 자기 자본으로 조달

(2) 각종 지원금과 보조금 신청

- 공공 문화예술 기관의 지원사업 공모: 한국문화예술위원회, 서울문화재단, 경기문화재단 등
- 축제 참가 작품 공모: 서울국제공연예술제, 수원연극축제, 춘천마임축제 등

(3) 투자사 유치: 트라이 아웃 형태의 공연을 통한 투자자/투자사 유치: 창작 소스(대본, 스태프, 출연진)를 토대로 기획안(투자 제안서) 제출

(4) 선급금: 티켓 예매처의 선급금(인터파크, 티켓링크, 옥션티켓 등)

(5) 공동제작: 공연장과 공동제작, 지방기획사와 공동제작, 지역문예회관과 공동제작 등

(6) 협찬 및 후원: 기업협찬 및 후원, 텀블벅과 같은 펀딩 등

예산 편성 시 고려해야 할 사항은 예술 단체의 설립 목적 또는 공연 목적에 따른 영리성 검토, 주최 단체의 성격에 따른 지출예산안 편성, 추진 내용에 따른 구체적인 지출 내역 상세 분류, 공연에 영향을 미치는 외부적 요소 고려, 공연 프로젝트의 변수에 대처하는 예비 예산안 편성 등이 있다. 공연 수입예산은 공연 입장료, 협찬, 프로그램 북 및 머천 다이징, 방영권, 기타(저작권 등) 구분되며, 공연 지출예산은 프로덕션 비

용과 홍보 마케팅 비용으로 크게 구분된다.

예산 집행 시 고려해야 할 사항으로는 투명하고 합리적으로 집행, 공공기관의 프로젝트일 경우 행정기관의 승인과 감사를 통해 공개하는 것을 원칙으로 함, 기대 효과 및 예상 수익 분석을 바탕으로 집행 등이 있다. 지출예산의 집행 시에는 책정된 범위 안에서 지출되어야 하며 수입예산으로 유동적으로 상향 조정하여 최대한 수익성을 높여야 하고, 항목별 분류에 따라서 지출되는 예산은 명세서에 정확하게 작성해야 한다. 출연자와 스태프의 계약 시 명시된 지급 조건에 따라서 현금 또는 송금을 통해 지불하고, 출연자 사례 또는 프로덕션의 제작비 지출 시 원천징수 또는 세금계산서를 받는 것은 결산 시 세무와 회계 처리를 위해 필요하다.

수입예산의 집행 시에는 협찬금 또는 광고료, 그리고 티켓 판매를 통한 수익금의 정확한 증빙자료를 남기기 위해 영수증, 소득세 원천징수, 티켓 수익의 전용 계좌를 개설하여 정기적으로 관리해야 한다. 또한, 티켓 수익 등 수입 입금 시점이 공연 종료 후 약 10일 후이기 때문에 집행 시점도 그 이후로 예상하고 계약을 체결해야 한다.

지출예산은 고정되어 있지만 수입은 공연 입장권 판매 및 협찬, 기타 수익에 따라 변동 가능하다. 예상 수익 분석 시 요구되는 주의사항으로는 입장권 수입을 예상하려면 티켓 가격, 공연장 총 좌석수, 공연 횟수, 객석 점유율, 평균 입장권 가격의 변수를 파악해야 한다는 것이다. 그리고 수익률은 평균 객석 점유율이 몇 %일 때 손익분기점(B.E.P:break-even point)에 도달하며, 몇 명이 입장하면 얼마나 수익이 발생하는지를 파악하여 수익계산 시 입장권 판매수수료, 부가세 등도 고려해서 정확히 예측해 작성해야 한다. 예산 작성은 <표 5>와 같이 할 수 있다.

표 5. 공연 제작을 위한 예산 구분

구분	항목	산출근거
공연 제작비	대관 관련비	공연장(대관, 장비 사용료, 부대시설 사용료 등) 및 연습실 대관료
	배우 출연료	주연급/조연급/앙상블
	스태프 출연료	작가/연출가/작곡가/안무가/무대감독/조연출 무대, 조명, 의상, 소품, 분장 디자이너/그래픽 디자이너/오퍼레이터 등
	프로덕션 제작비	무대 제작비/소품 제작비/의상 제작비/조명 렌탈 및 설치비/음향 렌탈 및 설치비/악기 대여료/특수 효과비
	프로덕션 진행비	오디션 개최 및 진행/회의 진행/연습 진행/공연 진행/보험료
홍보 마케팅비	기획	인건비/행정업무추진비
	홍보	각종 광고 비용/제작발표회/인쇄물 및 출력물 제작/마케팅 진행비
	운영	공연장 운영 요원/공연장 장식/매표소 운영

③ 극장 대관

공연장이 직접 공연을 기획하는 경우를 제외하고 공연예술단체와 민간 기획사의 경우에는 극장을 대관하여 공연을 추진해야 한다. 국내의 경우 좋은 공연장이 부족한 탓에 브랜드 인지도가 높은 공연장을 대관하는 일은 공연 성공의 잣대가 되기도 한다. 이에 모든 기획자가 유명 공연장의 대관 일정을 확보하기 위해 치열한 경쟁을 펼치고 있다. 기획자와 예술가의 선호도는 관객의 선호도와도 유사하다. 따라서, 공연기획자는 모두가 선호하는 극장에 어려움을 뚫고 대관 경쟁을 벌일지 작품의 성격과 내용을 고려하여 그에 적합한 다른 극장을 빌릴지 다양한 각도에서 검토할 필요가 있다.

대관을 위해서는 작품 선정 → 공연 시기 확정 → 작품에 알맞은 공연장 검 토→ 대관의 진행 과정이 필요하며, 성공적인 대관을 위해 예술적인 측면(공연의 완성도를 높일 수 있는 공연장 환경 검토), 경제적인 측면(최고의 공연장과 최선의 공연장에 대한 비교 검토 후 최선을 선택), 기획적인 측면(티켓 세일즈에 적합한 공연장인지 검토), 서비스적인 측면(관객 서비스 만족도를 높이기 위한 환경 검토)의 검토가 필요하다. 공연장 대관 시 세부 고려 사항은 아래와 같다.

(1) 공연장인지도, 접근성

(2) 공연 특성을 고려하여 무대 형태와 객석규모 확인

(3) 공연장 대관 스케줄 및 대관료(전체 제작비의 10~15%)

(4) 주변 공연장 또는 기획사 스케줄

대관 시 확인 사항은 무대 인력 지원 여부, 부대시설, 하우스 및 매표소 운영 지원 여부, 공연 촬영 등이다. 대관 종류는 정기대관과 수시대관이 있다. 정기대관은 매년 정해진 시기에 대관 공고 및 절차 이행(공연장마다 다름)하고, 수시대관은 정기대관에서 정해지지 않은 날짜 또는 포기로 비게 된 날짜를 위한 대관 공고한다. 대관 절차와 방법은 아래와 같다.

대관 공고 → 대관 신청 접수 → 대관 심사 → 대관 결정 통지 → 대관 계약 → 대관료 완납 및 공연 티켓 검인 → 무대/부대시설 이용 및 무대셋업 관련 정보 제공 → 실행 → 철수

대관료는 기본대관료(공연장 및 기본 무대 시설 사용료), 무대 장비 사용료(기본 장비 이외 무대/조명/음향, 악기, 자막기 등), 부대시설 사용료(냉난방, 분장실, 리허설룸 등)가 있다.

④ 공연 스태프 구성

공연 스태프 구성은 공연에서 배우와 관객을 제외한 공연 참여자로 보통 공연 제작을 책임지는 사람을 말하며 세부적으로는 <표 6>과 같다.

표 6. 공연예술에 참여하는 인력(이승엽, 2001)

구분	스태프명	세부내용
출연진	출연자	배우, 연주자, 무용수, 가수 등
예술 스태프	예술감독	
	창작 스태프	연출자, 음악감독, 안무가 등
	작가	대본, 작(원작), 번역, 각색 등
	드라마투르그	
	디자이너	무대, 조명, 의상, 음향, 분장, 소품 등
	음악	작곡, 선곡, 작사, 편곡, 오케스트레이션, 지휘
	트레이너	보컬, 움직임
무대 기술 스태프	기술 스태프	무대, 기술, 무대 기계, 조명, 음향, 영상 특수효과 감독 등
	제작 스태프	장치 제작, 작화, 의상, 소품 등
	분장팀	
	전환수	

기획 스태프	프로듀서	프로듀서, 프로덕션 매니저, 기획자
	홍보 마케팅 스태프	
	사진 등 기록물	
	카피라이터	
	그래픽 디자이너	
	티켓마스터	티켓매니저
	공연진행 스태프	하우스매니저, 부매니저, 헤드어셔, 어셔

(1) 예술 스태프: 작가, 연출가, 작곡가, 안무가, 무대/조명/음향/영상/의상/분장 디자이너 등

(2) 무대 기술 스태프: 기술감독, 무대감독, 조명/음향/영상감독/오퍼레이터/엔지니어 등

(3) 기획 스태프: 공연기획·제작, 홍보·마케팅, 티켓 매니저 등

공연예술 스태프 섭외는 우선, 스태프 역량, 인지도, 인건비 수준 등을 조사하고, 그들의 업무 범위 결정하여 일부 업무 중복이나 겸업이 가능한 경우를 검토한 후, 예산과 능력 등을 검토하여 3배수로 리스트업 후 순서대로 섭외(작가, 연출 → 예술 → 무대 기술)한다. 협상은 제작비, 업무 범위, 시세, 공연 비중에 따라 달라질 수 있으며, 결렬에 대비해 예비 스태프 확보가 필요하다. 인건비 및 스케줄 확정 및 계약(보통 작가, 연출가, 작곡가, 안무가 등의 인건비가 높고, 무대, 조명, 의상 디자이너의 인건비가 높은 편)을 추진한다.

작가 분야는 극작가(공연을 위한 대본을 쓰는 사람), 대본 작가(원작이나 구성 개념, 구성 시놉시스를 해당 공연에 적합하게 대본화하는 사

람), 각색자(소설이나 서사시 등을 공연할 수 있도록 희곡으로 고쳐 쓰는 일을 하는 사람), 드라마투르그(연출가가 대본에 관한 충분한 정보와 해석에 입각하여 결정을 내리도록, 극작가 및 공연작품의 시대와 배경 및 해석상의 문제들을 조사하여 조언하는 역할을 담당하는 사람) 등으로 구성되어 있다.

연출 분야는 예술감독(예술 단체의 창작과 관리 운영을 책임지는 사람 또는 공연 및 공연장 운영의 예술적 방향성을 제시하고 적용하는 사람), 연출가(대본을 분석하고 연출 콘셉트에 의해 음악, 안무, 연기, 무대장치, 조명, 의상 등을 통합하고 조정하여 공연을 무대에 올릴 때까지 예술 분야를 책임지고 총괄하는 사람), 조연출(연출가를 보조하며, 공연제작을 돕고, 연습 계획을 세우고 스태프, 배우, 연습장을 관리하는 사람으로 가장 중요한 과정은 연습에 필요한 최적의 환경을 조성하는 일을 책임지는 사람), 협력 연출가(공연의 연출 콘셉트, 작품 해석, 배우 동선, 디자인 등에 대해 연출가와 협력하는 사람)로 구성되어 있다.

제작 분야는 제작자(공연을 위하여 작품 선정, 스태프 구성, 배우 섭외 등을 담당하고 공연기획을 총괄하며, 재정적으로 공연에 따른 제작 예산과 제작 계획수립을 총괄하는 사람) 제작보(제작자를 보좌하고 제작의 업무를 보조하는 사람), 제작감독(한 공연의 제작예산, 제작일정 등을 책임지고 관리하는 사람으로, 공연의 제작 계획을 수립하는 일을 비롯한 전문적인 준비에 대한 책임과 관리 권한을 가짐), 제작 조감독(제작감독을 보조하고 제작감독의 지시로 제작 관련 업무를 대행하는 사람)으로 구성되어 있다.

음악 분야는 음악감독(공연에 필요한 음악 파트 전체를 감독하고 책임지는 사람으로, 교향악단의 최고 책임자로 작품 선택 및 협연자 선 정 등 음악 전반을 관장하는 사람), 작곡가(공연에 필요한 음악을 창작하는 사람), 편곡자(어떤 악곡을 그 곡 본래의 편성에서 다른 연주 형태로 바꾸는 일을 하는 사람), 작사가(뮤지컬, 오페라 등에서 노랫말, 즉 가사를 만드는 사람), 지휘자(뮤지컬이나 오페라에서 오케스트라 또는 창극에서 기악부를 지휘하는 사람), 보이스 코치(노래를 지도하고 교정을 봐주는 사람)로 구분된다.

안부 분야는 안무가(무용 동작을 창작하고 구성하는 사람), 무용감독(안무가가 디자인한 무용 동작을 무용수가 실현하도록 지도하고 감독하는 사람), 조안무(안무가를 보좌하며 안무가의 지시에 따라 연습 계획을 수립하여 안무 연습을 시키는 사람) 등으로 구성되어 있다.

미술 분야는 무대 디자이너(공연에서 시각적 구성과 이미지를 끌어내고 디자인하는 사람), 무대 디자인 보(무대 디자이너 보조로 무대 제작소에서 작업 도면을 분석하여 제작 관리하는 사람), 작화가(무대 배경을 그리고 채색하며 완성된 세트에 시각적인 효과를 주는 사람)로 구성되어 있다.

홍보 분야는 홍보 매니저(공연의 특징과 장점을 포함한 다양한 내용을 일반인 또는 기자에게 홍보하는 담당자), 마케팅 매니저(공연을 관객들에게 유통하는 일을 담당하여 판매를 촉진하는 사람)로 구성되어 있다.

공연장 상주 스태프는 무대감독(공연장의 무대 관련 부분의 통합관리 및 대관 단체에게 자문하거나 필요시 무대감독 역할), 무대 기계 담당(공연장의 무대 기계 장비를 관리하거나 오퍼레이터를 담당), 무대 조명 담당(공연장의 무대 조명 장비를 관리하거나 조명 디자인을 하고 오퍼레이터를 담당), 무대 음향 및 영상 담당(공연장의 음향, 영상 장비를 관리하거나 디자인하고 오퍼레이터를 담당)으로 구성되어 있다.

공연 스태프 선정 과정에서는 공연 구상 이후, 창작 스태프인 작가, 연출가, 작곡가, 안무가, 지휘자 등을 먼저 섭외하고, 이후 대본이 완성되면 무대/조명/음향/의상/소품/분장 디자이너 및 디자인 섭외가 이루어진다. 그리고 디자인이 나오면 조명/음향/영상 오퍼레이터 및 엔지니어 등을 섭외한다. 주요 창작자 섭외 및 계약 진행 시 유의 사항은 아래와 같다.

- 사전 미팅을 통해 각 창작자에게 명확한 콘셉트 요청 및 점검
- 극장에 맞는 작품인지에 대한 기술적 검토(극장 보유 기술에 대한 철저한 사전 이해 필수)
- 예산 범위 안에서의 제작
- 계약진행: 창작자의 입장에 대한 이해와 배려가 필요
- 작품 기획 및 섭외: 작품, 공연장소, 창작진 및 주요 스태프, 출연진 구성
- 창작자, 배우선정, 작품 선정도 홍보로 활용, 제작 단계별 정보 공유
- 각종 이벤트 계획 등을 위해 긴밀한 소통이 필수적임

⑤ 공연 제작 회의

공연 제작을 위한 회의는 공연 프로듀서, 작가, 연출가, 안무가, 작곡가, 무대감독, 조연출과 무대 기술 스태프의 공연 제작 회의가 있다. 주로 대본이나 시나리오 등을 창조적으로 무대화하기 위한 구체적인 제작 방법을 논의하며, 초반에는 무대 디자인을 중심으로 제작 회의가 이뤄지고, 이후 모든 분야를 대상으로 회의를 개최한다. 공연이 임박하면

분야별 회의를 개최한다. 공연 제작 회의의 주요 협의 사항은 대본 분석을 통해 공연 콘셉트 도출 확정, 각 스태프는 공연 콘셉트를 구체화하여 각 디자인 콘셉트 확정, 제작예산, 제작일정, 제작업체 등이 있다. 기술 파트별 유의 사항은 다음과 같다.

- 무대: 디자인 확정 후 제작소 섭외, 예산 조율, 반입 및 반출에 따른 인력, 일정 협의
- 조명: 오퍼레이터 확인, 장비 확인 (극장 장비 활용 또는 렌탈 여부)
- 음향: 라이브 연주, 음향 디자인, 오퍼레이션 위치 확정
- 의상 및 분장 디자인 스케치 확인, 제작일정 협의
- 디자이너들의 스케치 도면 수정 시간을 감안하여 충분한 시간 전에 결과물을 받아야 원활한 연습과 셋업이 가능함
- 공연 콘셉트에 어울리는 디자인 여부에 대한 철저한 점검 필요
- 무대는 미니어처, 의상은 의상 샘플 제작이 필요
- 예산 범위 내에서 제작 가능한지 확인이 필요하며, 반입, 반출, 보조 인력 등이 포함된 예산인지 확인해야 추가 예산이 소요되지 않음
- 제작 노트 기록: 조연출 또는 제작감독

⑥ 배우 캐스팅

배우 캐스팅은 연극, 무용, 뮤지컬, 발레 등의 공연 등장인물로 연출, 안무가 등에 의해 무대 위에서 연기하는 사람으로 공연 성공을 위한 제일 중요한 조건이라고 할 수 있다. 훌륭한 대본, 무대, 연출도 무대 위에서 관객과 직접 교감하는 배우가 좋지 않으면 성공하기 어렵다. 배역 캐스팅 시 유의 사항은 맡은 배역의 적합성과 배역의 소화 가능 여부, 스태프/배우와의 협력 여부, 배우로서 관객의 티켓 구매력 등이 있다.

⑦ 공연 지원업체 구성

공연지원 업체를 구성해야 한다. 먼저 무대 기술 지원 업체는 무대와 관련된 기술 지원 또는 배우 연기를 지원하는 업체로 세부적인 내용은 아래와 같다.

(1) 무대 제작: 무대 디자인에 따라 무대 제작, 설치, 관리 운영, 철수 업무(무대장치, 작화, 대도구 등)

(2) 조명·음향·영상·특수효과 임대: 디자인에 따른 장비 임대, 설치, 관리 운영, 철수 업무(임대, 인력 등)

(3) 의상·소품·장신구 제작: 디자인에 따른 제작, 임대, 관리업무(임대, 인력 등)

(4) 영상 제작: 공연에 사용될 영상 촬영, CG 작업, 영상 편집, 영상 소스 등을 제작

(5) 악기 대여: 공연에 사용될 악기를 대여(임대, 수리, 피아노 조율 등)

(6) 무대 인력 용역: 무대 인력 지원(무대 전환수, 조명 및 음향 인력 등)

또한, 공연지원 업체 중 홍보 마케팅 지원업체를 구성해야 한다. 홍보 마케팅 지원업체는 공연과 관련하여 관객 개발 및 유치를 지원하는 업체로 세부적인 내용은 아래와 같다.

(1) 홍보물 제작: 지류, 옥외, 영상 홍보물 제작 및 납품 업무(옥외는 설치 포함, 지류는 배포/부착 별도)

(2) 홈페이지 관리 대행: 홈페이지 관리 및 웹 배너, 웹 메일 디자인 업무

(3) 마케팅 대행: 온·오프라인 프로모션 이벤트 개최 업무

(4) 티켓 판매 대행: 온·오프라인 티켓 예매 대행 업무(인터파크, 티켓링크 등)

(5) 티켓 급매 대행: 소셜 커머스에 이벤트성 티켓 판매 대행 업무(티켓몬스터)

(6) 광고 대행: 지하철, 버스, 옥외, 텔레비전, 라디오 광고 대행 업무

⑧ 공연기획 회의

공연기획 회의는 공연 프로듀서, 제작감독, 홍보 담당, 마케팅 담당, 재무 담당 등이 공연 제작 회의를 통해 도출된 콘셉트 및 디자인을 바탕으로 기획, 홍보 마케팅, 수익화 방안, 협찬계획, 예산 계획 등을 협의하는 회의이다. 주요 협의 사항으로 공연 기획과 관련한 아이디어, 의견, 내용을 협의하여 실행계획을 마련하고, 공연기획 목표 설정과 목표 달성을 위한 전략 마련, 홍보 마케팅의 구체적 방안 마련 및 계획수립, 기획내용과 일정, 집행 예산을 점검하고 검토, 예상되는 문제점을 검토하고 우선순위를 정하여 해결한다. 특히, 저작권 문제와 지방 공연 관련 재계약 이슈는 빠르게 정리해 두는 것이 중요하다.

2) Production: 연습 및 공연

⑨ 공연 연습

공연 연습은 공연 대본 작업이 완료되고, 제작 및 공연일정이 확정되면 연습 계획 및 연습 공간을 마련, 연습을 실시한다. 연습 공간은 각 공연단체 협회 사이트의 공지 사항 또는 게시판에서 연습실 임대 정보를

확인하여 대여 가능하며, 뮤지컬, 발레, 오페라, 창극 등 오케스트라와 함께 공연하는 경우 연주단 연습실 및 합동 연습실도 필요하다. 프로덕션 단계에서 유의 사항은 첫 연습 시 주요 제작진 상견례 및 일정 공유 진행, 무대, 조명, 음향, 의상 디자인 연습 참관, 디자인 구상, 제작 진행, 디자인 스케치 확인, 도면 수령, 예산 조율 등이다.

연습은 일반적으로 제작감독이 연습 계획수립 및 공지, 진행 과정을 총괄 관리하며, 연습실 관리는 조연출에 일임한다. 연습실은 실제 공연장 무대가 비슷한 크기로 임대하는 것이 연습 효율성을 높이는 방법이다. 접근성, 주차, 편의시설, 식사 장소 등의 편의성이 확보되면 연습 효율이 높아진다. 하지만, 가장 중요한 것은 예산에 따른 비용 지출이다. 연습 과정은 상견례 이후, 몇주간은 대본 리딩 위주로 연습을 진행하며, 원 캐스팅이 아닌 경우 여러 배우가 한 배역을 번갈아가며 연기 연습을 한다. 이 시기에 앙상블 배우의 멀티 역할도 정해진다. 대본을 끝까지 리딩하며 작품에 대한 의견을 나누고, 이때 대본 수정이 이뤄지기도 한다. 연출가는 배우가 본인 역할을 제대로 해석하는지 확인하고 연기의 방향을 조정한다.

⑩ 홍보 마케팅 실시

프리-프로덕션 단계에서 세운 전략을 토대로 구체적으로 실행한다. 티켓을 오픈하고, 오픈 이벤트로 공연을 프로모션하고, 필요한 경우 보도자료를 배포하고, 인쇄 홍보물, 옥외 홍보물을 배부 및 게시하고, 온라인에도 홍보를 실시한다. 그리고, 예산 범위 내에서 필요한 광고를 집행한다. 이 시기 협찬 제안서, 공연 제안서 등을 제작하여 기업 또는 단체와 협찬, 후원, 단체 관람 등을 프로모션한다. 홍보 및 마케팅 업무의 검토 사항은 다음과 같다.

- 기획담당자는 전체 홍보, 마케팅 일정을 파트별 담당자에게 전달해야 하며, 제작 단계별로 주요 이슈를 공유해야 함
- 단계별 홍보물 제작 및 배포: 포스터, 전단 배포, DM 발송
- 단체 관람 추진: 학생 단체의 경우 학기 시작 전에 관람 섭외, 동호회 및 기업 회식 모임
- 잡지(전문지) 및 광고(지하철, 옥외, 육교 현판, 가로등 배너 등)
- 홈페이지, 회원 소식지 등을 통한 연습 과정 소개
- 언론 홍보: 보도자료 배포, 연출 및 주요 출연진 인터뷰 진행
- 연습실 공개: 언론 및 관객 홍보용 연습실 공개, 관객과의 대화 진행
- 프로그램 북 제작: 연출 노트, 제작 노트 정리, 제작팀 및 출연진 주요 이력 정리, 협찬사 광고 게재 / 프로그램 북에 공연 사진 포함 여부 결정(드레스 리허설 일정에 따라 결정) / 장기 공연의 경우 1, 2차로 나누어 프로그램 인쇄

짧은 기간 내에 큰 효과를 거두어야 하기에 홍보 마케팅에 총력전을 기울이며, 이 시기에 배우들의 SNS 홍보도 큰 효과를 얻을 수 있다. 또한, 티켓 바터를 통해 당초 예산으로 진행할 수 없던 홍보 또는 마케팅을 대체할 수도 있다. 당장은 아니라도 앞으로 잠재적 협찬 또는 후원자가 될 수 있는 개인, 단체, 기업들은 향후 VIP로 관리하여 RSVP(프랑스어로 répondez s'il vous plaît, 답장해주세요)를 통해 공연 관람 의사를 확인한 후 초대한다.

⑪ 스태프 회의

스태프 회의는 일반적으로 공연 스태프와 공연장 스태프 간 공연 전

이루어지는 회의이다. 프로덕션에서 준비한 공연이 공연장에서 차질 없이 진행되기 위한 회의로 공연 스태프는 공연장 스태프에게 공연 정보를 자세히 공유하고 공연장 시설 및 환경에 대한 구체적 협의 사항을 진행한다. 또한, 공연장 환경(무대, 장비, 부대시설, 하우스, 인력)의 사용을 협의하고, 장비 반입과 철수 스케줄을 조율한다. 공연장 스태프는 공연 스태프에게 공연장 정보를 자세히 공유하고, 원활한 협력을 위한 사전 요구 사항을 안내한다. 또한, 파트별 현황 공유와 디자인 및 설계도면 공유 요청과 공연장 안전 수칙과 특이점을 안내한다. 스태프 회의 시 제작 관련 확인 사항들은 대관 계약서 작성 시 장비 사용 및 극장 인력 활용 부분을 사전에 협의 및 확정, 극장 시설 확인, 무상 사용 장비 내역, 지원가능한 극장 장비 내역 확인, 유상 장비 내역 및 사용 금액(제작 스태프들과의 협의 필요), 셋업 및 철수 일정 등이다. 홍보 마케팅 관련 확인 사항은 주요 홍보 일정(프레스콜, 공연장 내 인터뷰, 기자간담회, 워크숍 등), 이벤트 일정(관객과의 대화 등), 공연 사진 및 영상 촬영 일정, 진행방식, 극장과 연계하는 홍보 마케팅, 티켓 협의 등이다. 하우스 운영과 관련된 부분은 관객 편의 시설 및 관객 응대 방식, 대관자 사무실 사용 여부, 시야 장애석 여부, 하우스 인력 제공 여부, 로비 사용 관련(홍보물 비치, 설문조사 등 공연팀의 로비사용 내용), 분장실 확인, 배우 및 스태프 편의 시설(휴게실 및 식사공간) 등이다.

⑫ 무대장치 반입 및 리허설

공연에 임박하면 실제 공연 무대 작업을 위해 무대장치와 장비를 공연장에 반입한다. 공연장에서 무대 작업 시간은 오전(9~12시), 오후

(13~18시), 야간(19~22시)이 일반적이다. 과거 철야(22시 이후) 작업도 이뤄졌으나 최근에는 안전사고 예방 및 주 52시간 근무 등에 의해 사라졌다. 무대에서는 무대장치 설치, 조명, 음향, 영상, 특수효과 작업 등이 이루어지며, 무대 장비 반입 이후 작업 일정은 아래와 같다.

무대 장비 반입 → 무대/조명/음향/특수효과 장치 작업 → 조명 메모리/음향체크/특수효과 테스트 → 테크니컬 리허설 → 리허설 → 무대/조명/음향/특수효과의 보강/수정 작업 → 부분 리허설 → 공연

리허설은 공연을 앞두고 무대에서 최종적으로 하는 연습을 말하며, 무대 작업 완료 후 배우와 함께 주로 기술적인 부분을 체크하는 테크니컬 리허설, 공연과 같이 모든 것을 갖추며 여기서 발견된 문제점은 수정·보완하거나 과감히 삭제하는 드레스 리허설, 뮤지컬과 같이 무대장치 전환이 많은 경우 무대 전환만을 위한 전환 리허설, 개인별, 장면별 무대에서 진행되는 부분 리허설 등이 있다. 리허설은 공연 전체의 점검을 통한 마지막 수정 기회라는 점에서 중요하다. 또한, 공연과 동일한 이미지와 영상을 얻을 기회로, 공연 중에는 촬영의 제한이 많기 때문이다. 마지막으로 공연의 완성도를 예측해 볼 수 있는 기회이기도 하다.

스태프/배우 지원 관리는 공연 기간 스태프/배우들이 최고의 상태에서 공연에 참여할 수 있도록 분위기를 조성하고 지원하는 활동으로 초대권, 티켓 할인, 주차 협조, 공연 스케줄 관리, 만원사례, 식사 제공, 회식 실시 등이 있다. 배우의 분장실은 공연 기간 중 침실과 같은 역할을 하므로 편안하고, 안락하고, 청결한 공간으로 관리한다. 매일 음료와 다과를 준비하고, 분장실에서 부정적 대화가 오가지 않도록 연출 및 선배 단원을 통해 관리한다. 또한, 분장실 외부 방문 내규를 만들어 관리한다.

⑬ 공연

공연이 시작되면 매표소 운영이 중요하다. 주로 티켓 예약, 판매와 티켓과 관련된 서비스를 제공한다. 객석 숫자, 공연장 크기 등에 따라 배치 인원을 정하며, 500석 이상이면 3명, 500석 미만이면 2명 정도를 배치한다. 보통 공연 1시간 전 매표소를 오픈하며, 미리 전날 판매 마감된 티켓을 발권하여 초대/예약 티켓을 정리해 둔다. 티켓 매니저는 전날 마감된 티켓(평일 17시, 토요일 11시) 이외 티켓을 공연 당일에 판매 좌석으로 활용하며, 현금 거래가 이뤄지므로 시재금(천원, 오천원, 만원권)과 현금 관리를 철저히한다. 공연 시작시 1명을 제외하고 철수하며, 1명은 공연 종료 이후까지 티켓과 관련된 서비스를 제공한다. 공연 관련 민원이 매표소에서 이뤄지는 경우가 많아, 늘 민원에 대한 적극적인 대응 자세가 필요하다.

매표소 외에 공연 기념품 판매 관리도 중요하다. 프로그램, 음악CD, 캐릭터 상품, 아트 포스터 등을 공연장 로비에서 관객을 대상으로 판매하는 활동으로 보통 물품보관소에서 함께 이뤄지며 현금 거래에 따른 시재금(천원, 오천 원, 만 원권)과 현금 관리를 철저히 한다. 공연 1시간 전과 휴식 시간, 공연 종료 후 약 30분(관객 퇴장이 마무리될 때까지)에만 판매한다.

공연장 로비는 관객들이 객석 입장 전(통상 공연 시작 30분 전 하우스 오픈)까지 이곳에서 공연 정보를 얻고, 음료와 다과를 즐기며, 공연 기념품을 쉽게 구매할 수 있도록 효과적으로 관리해야 한다. 로비 운영과 관련해 공연장 측의 협조가 필요한 경우에는 하우스 매니저를 통하여 처리한다. 공연장 로비의 점검 사항은 공연 인쇄물 비치 수량과 비치 위치(포스터, 리플렛 등), 공연 작품 옥외 홍보물의 종류, 수량, 배치 위치(X 배너 등), 공연 기념품 판매소 인원 배치와 공연 기념품의 비치(프로그램, 음악CD, 캐릭터 상품, 아트 포스터 등), 기타 관객 동선에 방해되는 물건, 식음료 판매점 관련 특이사항, 안전 사항 등이다.

VIP 관리 또한 중요하다. VIP 대상은 공연과 관련한 기업 CEO, 단체 대표, 투자사, 협찬사, 협력사, 기자(주요 매체), 평론가, 유력 예술가(연출자, 안무가, 작곡가, 주연배우 등), 문화관련국·공립 기관 예산 지원 담당자 등이다. VIP 초청 이유는 현재와 미래의 비즈니스를 위함이며, 관리 프로세스는 아래와 같다.

VIP 리스트 작성 → 초청장 발송 → 관람 여부 확인 → 공연장 영접 → 다과 진행 → 공연 관람 → VIP 관객 리스트 수정 및 추가 작성 → 관리 작업(전화, 편지, 이메일, 기타 행사 초청 등) 등이다.

공연 후에는 현장에서 만족도 조사를 실시한다. 공연도 시장에서 유통되는 하나의 상품이기 때문에 시장 조사와 관객 만족도 조사가 반드시 필요하다. 설문조사를 통해 얻은 결과를 다음 공연에 반영하여 관객들의 공연에 대한 만족도를 높이기 위함이다. 설문 항목은 장르, 스태프/배우 역할, 홍보 마케팅, 티켓 구입, 현장 서비스 등을 파악 가능하도록 구성한다.

3) Post-Production: 정산 및 평가

⑭ 투어 공연

투어 공연은 제작비 회수와 수익 극대화가 주목적으로 공연의 완성도 및 완숙도가 갈수록 높아진다. 지방 투어를 예상하여 당초 계약 시, 스태프와 배우는 지방 투어가 포함된 계약을 체결하고, 투어 공연에 적합하지 않은 세트와 내용은 수정한다. 지방 투어 방법은 아래와 같다.

(1) 지역에서 기획공연으로 초청: 수익은 보장되나 금액과 협상 과정이 쉽지 않음

(2) 문예회관 대관 공연: 대관 가능 시 추진은 가능하나 수익에 대한 리스크 존재

(3) 공동제작: 대관료와 홍보비 등이 투입된 공동투자 형태의 추진은 손익분기점 달성이 중요

공연 및 지방 투어, 해외 공연 등을 대비한 세부 내용은 아래와 같다.

- 각 파트별 디자이너와 창작자로부터 관련 자료를 받아 정리
- 기술사항 정리, 한국어 및 영어로 테크니컬 라이더 정리
- 리스트 작성: 무대 및 소품, 의상, 분장, 각종 장리 리스트
- 큐시트, 도면 정리, 음악 곡 리스트, 악보 리스트
- 무대 설치 및 철거 사진 정리

⑮ 공연 결산

공연 결산은 공연에서 발생한 수입과 지출을 결산하는 과정으로 보통 종료 후 30일 이내 완료를 목표로 한다. 공연 사업의 성과를 평가하는 수치적 자료로 성공과 실패를 가늠하는 핵심 자료다. 공연을 예술적이 아닌 재정적으로 성공 여부를 판단하는 과정이다. 수입 항목은 티켓 판매 수입, 협찬 수입, 후원 수입, 광고 수입, MD 상품 판매 수입, 투어 수입 등이 있으며, 지출 항목은 회의비, 오디션 비용, 스태프 인건비, 배우 출연료, 무대 관련 제작 및 임차비, 대관료, 홍보, 마케팅 비용, 진행비, 투어 경비, 티켓 판매 수수료, 광고 유치에 따른 대행 수수료, 세금 등이 있다. 사무실 임대료, 사무실 직원 인건비, 사무실 운영 경비 등의 경상 비용은 일반적으로 포함하지 않는다.

⑯ 공연 평가

공연 평가는 공연에 대한 예술적, 재무적 평가 등 공연 사업 전반에 대한 평가로 이루어진다. 주로 내부자 평가와 외부 전문가 평가가 있다. 내부자 평가는 공연계획서, 기획서, 홍보 마케팅 계획서 등 목표한 바와 결과를 직접 비교 평가하며, 계획과 결과의 단순 비교뿐만 아니라 추진 시 발생한 문제점과 대응에 대한 평가와 향후 대책 등을 논의한다. 창작 부분 스태프는 공연 제작 초기 계획과 구현된 결과를 비교하여 평가해 재공연을 결정한다. 내부자와 외부 전문가 평가는 외부 전문가의 공연에 대한 평가와 토론을 진행한다. 공연을 관람한 전문가에 의뢰하고, 사전에 공연 결과 보고를 제공하면 의미 있는 평가와 토론이 진행 가능하다. 주요 평가 내용으로는 재무적 평가(공연 제작비 대비 수익률), 공연의 완성도와 상품성 평가(공연의 지속성 여부 판단), 공연기획/제작 부분 평가(내부 역량 평가로 계획과 구현 결과 평가), 스태프/배우평가(제작의 기여도와 캐스팅의 적합성 및 관객의 반응을 중심으로 평가), 공연 반응 평가(매체 반응과 설문 조사 결과에 대한 분석과 평가) 등이 있다. 공연 정산 및 결과 보고에 포함되어야 할 내용은 아래와 같다.

- 제작진 및 출연료 정산, 대관 정산 (추가사용료, 장비 사용료 등)
- 비용 및 수입 정산, 수익 산출
- 결과보고서 작성: 판매 및 매표 결과, 회차별, 등급별 판매 결과, 홍보 및 광고 활동에 따른 판매 추이, 관객 분석(구매자 분석), 설문조사 분석
- 지원금 관련 결과보고서 작성
- 협찬 결과보고서 작성
- 공연 리뷰 정리 및 보관

03

공연과 홍보 마케팅 전략

가. 공연예술 마케팅이란?

1) 마케팅의 의미

마케팅은 상품 혹은 서비스를 생산자에서 소비자 혹은 사용자에까지 유통하는 것에 관한 기업 경영활동의 수행(미국 마케팅협회 용어 정의위원회의 정의)이다. 또한, 충족되지 못한 욕구와 필요를 확실하게 드러내고, 욕구의 크기와 잠재적 수익성을 평가한 후 조직이 가장 적절히 부응할 수 있는 목표시장이 어떤 곳인지 정한다. 이렇게 선정된 시장에 내놓을 적절한 상품과 서비스, 프로그램을 결정하여 조직 내 모두가 고객을 생각하고, 이들의 요구에 부응하게 하는 비즈니스 기능(필립코틀러, Philip Kotler)을 의미한다. 이를 종합하면, 상품을 효율적/효과적으로 판매하기 위해 사전에 준비하는 모든 일을 일컫는다.

2) 공연예술 마케팅의 필요성 및 역할

공연예술 마케팅은 일반 마케팅 개념에 기초한다. 하지만, 공연예술의 특수성 때문에 일반 마케팅과의 차이점도 많다. 공연예술은 수익 창출이라는 마케팅의 고유 목적 이외에 작품을 통해 예술가의 메시지를 관객들에게 전달한다는 예술적 창조와 사회적 역할이 추가된다. 특히, 공공 공연장과 비영리 공연예술단체 종사자들에게 이러한 가치는 기업의 이윤보다 더 중요하게 다루어지기도 한다.

대다수의 공연장과 공연단체는 티켓 판매와 문화예술 마케팅을 동일시한다. 지속적으로 공연되는 공연장이나 공연단체를 마케팅하는 것은 티켓의 판매로 끝나지 않는다. 따라서, 소비자가 물건을 구매하게 독려하는 행위는 마케팅이 아니라 판매로 구분할 필요가 있다. 판매 지향주의 시장에서는 팔아야 하는 제품을 중심으로 움직이는 반면, 마케팅은 제품의 기획 단계부터 소비자를 중심에 두고 움직인다는 커다란 차이가 있다.

티켓 판매를 넘어선 공연예술 마케팅의 필요성을 살펴보면 공연장이나 문화예술단체의 존재 이유를 알리고, 공연장이나 문화예술단체의 브랜드 가치를 구축하며, 공연장이나 문화예술단체의 공연을 관람할 다양한 관객을 개발하고, 지역사회가 단순히 티켓을 구매하는 것을 넘어, 공연장이나 문화예술단체를 지원해야 하는 필요성을 느끼도록 설득하는 것이 포함된다.

공연예술 마케팅은 작품 기획 단계부터 출발한다. 스티븐 랭글리와 데이비드 M. 콘트는 『극장경영』에서 '성공적인 마케팅은 단체의 직접적인 경쟁 상대와 비교했을 때의 장점과 약점을 조사함으로써 단체의 고유한 장점을 부각할 수 있도록 포지셔닝하는 것, 제품을 구매할 가능성이 있는 많은 수의 잠재 고객에게 제품을 알리고 목표화하는 것, 잠재고객이 가질 수 있는 혜택이 무엇인지 파악하는 것, 모든 잠재고객과 가장 효과적으로 소통할 수 있는 방법을 찾아내는 것, 시장에 적합한 제품의 가격을 책정하는 것, 시장이 제품을 원하도록 동기를 부여하는 것, 제품을 가능한 한 쉽게 구입할 수 있도록 하는 것, 제품이 주는 기쁨을 극대화하는 것, 소비자 데이터를 수집하고 추적하는 것, 제품을 재구매하고 적극적으로 지지할 수 있는 충성 고객을 만드는 것'이라 하였다.

나. 환경 분석과 STP 전략

공연예술 관람은 취향의 문제다. 모든 사람을 만족시킬 수 있는 작품은 이 세상에 존재하지 않는다. 서로 궁합이 잘 맞는 문화예술작품, 공연장, 관객이 결합할 수 있도록 제 짝을 찾는 시장세분화와 표적 관객 파악은 공연 마케팅의 지름길이 될 수 있다.

필립 코틀러가 제시한 마케팅 5단계 이론(R-STP-MM-I-C)의 적용하면 다음과 같다. 관객 사전 조사(Research)를 통해 여러 가지 욕구를 가진 소비자를 세분(Segmentation)한다. 세분화된 시장의 소비자들을 더욱 확실하게 확보하기 위하여 목표 대상으로 설정(Targeting)한다. 타겟팅된 시장의 여러 소비자별로 포지셔닝(Positioning)하고 타 상품과 비교하여 변별성을 알린다. 또한 마케팅믹스(Marketing Mix)를 통해 상품의 가치를 예상하고 시장에서 인정받을 수 있는 가격을 책정하여 원활하고 효율적인 유통과 전략적 제휴를 극대화한다. 전략적으로 수립한 마케팅 세부 사항대로 실행(Implementation)한다. 최종적으로 STP와 마케팅믹스를 적절히 수정, 보완하는 콘트롤(Control)을 통해 모니터하고 평가하여 마케팅의 전반적인 부분을 완성한다.

1) 환경 분석

먼저, 공연예술 단체의 설립 목적 또는 공연의 목적을 점검한다. 이러한 설립 취지(Mission Statement) 점검을 통해 과제와 목표를 선정한다. 그리고 목표의 달성을 위한 전략과제 도출을 위해 환경 분석을 실시한다. SWOT 분석이 대표적이다. SWOT 분석은 기업의 환경 분석을 통해 강점(strength)과 약점(weakness), 기회(opportunity)와 위협(threat) 요인을 규정하고 이를 토대로 마케팅 전략을 수립하는 기법으로 어떤 기업의 내부 환경을 분석하여 강점과 약점을 발견하고, 외부 환경을 분석하여 기회와 위협을 찾아내어 이를 토대로 강점은 살리고 약점은 죽이고, 기회는 활용하고 위협은 억제하는 마케팅 전략을 수립하는 것을 말한다(두산백과). 이때 사용되는 네 요소를 강점·약점·기회·위협(SWOT)이라고 한다. 강점은 경쟁기업과 비교해 소비자로부터 강점으로 인식되는 것, 약점은 경쟁기업과 비교해 소비자로부터 약점으로 인식되는 것, 기회는 외부환경에서 유리한 기회요인, 위협은 외부 환경에서 불리한 위협 요인을 찾아낸다. 기업 내부의 강점과 약점과 기업 외부의 기회와 위협을 대응시켜 기업의 목표를 달성하려는 전략을 의미한다. SWOT 분석을 통한 마케팅 전략의 특성은 다음과 같다.

① SO전략(강점-기회전략): 시장의 기회를 활용하기 위해 강점을 사용하는 전략을 선택한다.
② ST전략(강점-위협전략): 시장의 위협을 회피하기 위해 강점을 사용하는 전략을 선택한다.
③ WO전략(약점-기회전략): 약점을 극복함으로써 시장의 기회를 활용하는 전략을 선택한다.
④ WT전략(약점-위협전략): 시장의 위협을 회피하고 약점을 최소화하는 전략을 선택한다.

관객은 언제나 공연예술 시장의 화두이다. 그럼에도 불구하고 문화예술과 관객 간의 소통은 쉽게 해결되지 않고 있다. 대부분의 문화예술단체가 관객의 중요성을 인식하고 있었음에도 불구하고 가장 소홀하게 다루고 있는 분야가 바로 관객 사전 조사이다. 관객 사전 조사가 필요한 가장 중요한 이유는 시간과 예산의 낭비를 줄이고 유효한 잠재 관객에게 마케팅 역량과 자원을 집중하고, 장기적으로는 관객을 확산하고 다양화할 수 있는 근거를 제시해 주기 때문이다.

관객 사전 조사의 주요 항목을 나열하면 다음과 같다. 인구통계적인 요소에 기초한 객관적인 정보(나이, 성별, 거주지역, 직업, 교육 수준, 가구소득), 가족구성, 라이프 스타일, 공연에 대한 참여도, 마케팅 대상이 되는 조직이나 프로그램에 대한 인지도와 선호도이다. 관객 사전 조사 시 가장 많이 활용되는 것이 '설문조사'이다. '설문조사'는 조사 대상의 선택과 설문 선택항목 작성 시에 통계 패키지 프로그램을 활용한 분석을 염두에 두는 것이 매우 중요하다. '설문조사'를 바탕으로 하되, 정량적 방법의 한계를 보완하기 위해 '개인 인터뷰'나 '포커스 그룹 인터뷰'(FGI)가 많이 활용되고 있다. 인류학적 방법론을 수용한 '포커스 그룹 인터뷰'는 일정한 집단을 대표할 수 있는 사람들 선정해 한자리에 모아 의견을 나누고 청취하는 형식으로 이해하면 될 것이다.

2) 관객 세분화(Segmentation)

전략적 마케팅인 STP 전략의 시작인 관객 세분화(Segmentation)는 시장을 비슷한 속성을 가진 작은 단위로 나누어 가는 것이다. 관객 세분화를 하는 이유는 문화예술단체나 공연장이 마케팅에 활용할 수 있는 자원이 한정되어 있기 때문이다. 한정된 인력과 시간과 재원을 가장 반응도가 높을 것으로 예상되는 세분 시장에 집중함으로써 그 효과를 높이려 하는 것이다. 따라서 시장을 더 구체적으로 세분할수록 마케팅 자원을 더 효율적으로 활용할 수 있다.

용호성(2007)은 필립 코틀러와 조앤 셰프의 분석틀을 한국적 상황에 응용하여 다음과 같이 관객 세분화의 기준을 제시하고 있다. 성별에 따른 세분화, 지리적 위치에 따른 세분화, 미학적 관심에 따른 세분화, 편익에 따른 세분화, 시기에 따른 세분화, 충성도에 따른 세분화, 준비도에 따른 세분화, 관객 유형에 따른 세분화이다. 관객 세분화는 단순히 유료 관객의 수를 늘리고 객석 점유율을 높이는 결과만을 지향하는 것이 아니라, 관객의 인구통계학적 다양화(diversify), 확산(broaden), 참여 빈도의 심화(deepen) 등 3가지로 세분화하여 각 목표에 맞게 각기 다른 잠재 관객층을 대상으로 마케팅 전략을 전개해야 한다(전선영, 2012).

표 7. 관객 세분화 마케팅 전략

관객개발의 목표	다양화	확산	심화
잠재관객	예술 참여 의사가 없는 사람들	예술 참여 의사가 있는 사람들	현재 참여하고 있는 사람들
마케팅 전략	인지적 장애제거	실질적 혜택 제공	체험의 질 향상
공연장 적용 사례	시군 공연장	예술의전당	LG아트센터

3) 목표시장 선택(Targeting)

관객 세분화 이후 목표시장을 선택하게 된다. 목표시장의 선택은 각각 공통의 속성을 가진 여러 세분 시장별로 마케팅 측면에서의 장단점을 분석한 뒤 가장 가능성이 높을 것으로 예상되는 세분 시장을 선택해 타겟으로 삼는 것이다. 목표시장을 선택할 때 한 시장만 선택해 집중할 수 있고, 여러 개의 시장을 선택해 각각 다양한 마케팅 전략을 구사할 수 있다.

〈연극열전〉은 세부적인 마케팅 전략을 세우기 전에 '중앙리서치'에 의뢰하여 사전 조사를 실시하였다. 만 18세에서 49세 중 최근 1년 내 연극관람 경험이 있는 500명을 개별 면접 조사한 결과 '우리나라의 공연시장은 타겟 층이 분명치 않은 불안정한 시장'이라는 결론을 내렸다(곽민영, 2009). 또 가장 연극을 보고 싶어 하는 세대(30대 중반~40대 중반)와 실제 향유세대 간(20대 초중반)에 차이가 있었다. 〈연극열전〉은 사전 조사를 토대로 주요 타겟 층을 '과거에 공연을 보았거나 연극에 대한 향수를 가지고 있는 30~40대의 강북에 거주하는 관객'으로 설정하고, 가능성을 확인한 '젊은 관객층과 강남에 거주하는 관객층' 공략에도 높은 비중을 두었다.

4) 포지셔닝(Positioning)

다른 작품과 다른 나만의 차별화 전략이 필요하다. 포지셔닝은 어떤 작품이 관객들의 마음 속에 다른 작품들과 차별성을 가지고 특별하게 인지되도록 하는 것이다. 예를 들어 세계 최대의 테마파크라는 차별화 전략은 디즈니랜드에서만 포지셔닝이 가능하다. 또한, 현대 차 그랜저는 오랫동안 "성공한 사람들이 타는 차"라는 브랜드 이미지를 통해 포지셔닝하였다. 또한, 버거킹은 프리미엄 버거라는 포지셔닝을 통해 비싼 가격에도 사랑받기도 하였다.

포지셔닝의 핵심은 인지화와 차별화이다. 공연 시장 안에서 내가 하고자 하는 작품에 어떤 이미지를 부여하여 어떻게 인지시키고 차별화시킬 것인가를 결정해야 한다. 일반적인 상식을 가진 관객들이 이해할 수 있도록 당신 작품의 존재가치와 이유를 납득시킬 수 있어야 한다. 이야기가 관객에게 얼마나 보탬이 되는지 생각해보고, 공연에는 어떤 특별함이 있는지, 장르는 무엇인지, 어떤 상징성이 있는지, 다른 뛰어난 작품과 무엇이 다른지, 이 작품은 언제, 누구와 보면 좋은지, 그리고 공연을 보고 어떤 감정을 느끼는지 이야기해 봐야 한다. 포스터나 전단지 신문 등의 모든 수단을 동원해서 사실만을 나열하는 것에서 넘어서서 공연이 관객에게 줄 수 있는 혜택에 대해서 명확하게 이야기해야만 한다.

다. 마케팅믹스(5P 전략)

마케팅 전략의 가장 기본이 되는 것은 동시대의 흐름을 판단하고, 미래를 볼 수 있는 통찰력일 것이다. 이 부분은 마케팅믹스의 가장 기본적인 부분으로 시대의 흐름을 항시 분석하고 합리적인 사고를 통하여 종합적인 마케팅 전략을 세우는 것이 중요한 것이다. 하지만, 이런 부분에 대한 깊은 고찰 없이 단순한 벤치마킹의 개념은 타 기관의 성공사례 전략 도입은 실패할 수밖에 없다. 1981년 매카시가 저술한 『마케팅의 기초: 경영학적 접근』을 통해 상품(Product), 가격(Price), 유통(Place), 판매촉진(Promotion) 등 4P로써 상품 판매 전략을 분석하는 마케팅의 기본개념이 세상에 알려졌다. 여기에 최근 사람 중심 전략(People)을 포함한 5P로 활용하기도 한다.

마케팅의 기본요소들은 따로 생각하는 것이 아니라 잘 조화되어 상호 간에 시너지 효과를 낼 수 있도록 해야 하며 제품의 특성과 그것이 판매되는 장소, 판촉 방법, 가격이 적절히 조화될 때 제품 판매가 극대화될 수 있는데, 이를 마케팅믹스 전략이라 한다. 마케팅믹스의 전략 과정은 환경변화의 분석과 예측을 통해 시장성을 발굴하는 한편, 기회 시장에 대한 시장세분화를 통해 목표시장을 명확히 하고, 다시 목표시장 내의 소비자 선호도 분석과 컨셉 도출로 그 목적을 분명히 하여 제품개념을 전달하고, 소비자에 의한 구매가 활발히 이루어질 수 있도록 여러 장애요인을 제거해 나가는 과정으로 이루어지고 있다(조홍제, 2015).

1) 상품 전략(Product)

상품 전략은 상품에 대한 특장점을 강조하여 소비자의 관심을 끌어야 한다. 여기에는 핵심 상품, 기대 상품, 확장 상품이 있는데, 공연단체와 공연장의 입장에서 핵심 상품으로는 질 좋은 공연이 될 것이고, 기대 상품으로는 공연을 위한 공연장의 제반 시설, 확장 상품으로는 팬 사인회, 배우와의 사진 촬영 등 고객만족도를 높이기 위한 추가적인 서비스가 필요하다.

정동극장의 경우를 보면 〈미소〉 공연을 찾는 관객들에게 한복 입은 직원의 고객맞이, 공연 전 전통차 제공, 공연 후 출연자와 관객이 함께 어우러지는 뒤풀이 마당 등과 같이 핵심 상품과 연관된 확장 상품을 제공하고 있다.

2) 가격 전략(Price)

가격은 기업의 수익을 직접적으로 규정하는 요소이다. 일반적인 사업에서 가격은 대개 이익이 보장되는 수준에서 결정된다지만, 국내의 비영리 공연장과 문화예술 단체의 가격은 가격책정에 영향을 미치는 여러 다양한 요소 가운데 하나일 뿐이다. 수입을 확보하는 것은 공연단체의 설립취지를 실현하는 수단이기 때문에, 목적 그 자체로 보기는 어렵다. 문화예술 단체는 가능한 한 관객을 폭넓게 끌어들이고 싶어 한다. 이에 따라 티켓 가격도 가급적 많은 사람이 부담할 수 있는 수준으로 결정한다(조홍제, 2015).

관객이 한 편의 공연을 보기 위해서는 티켓 구입에 필요한 비용 부담 이외에 교통비, 주차비, 식사비 등의 지출이 동반되는데 이때 티켓 가격뿐만 아니라 공연장 주변의 식당과 커피전문점, 주차비 등을 포함한 보완재의 가격도 고려해야 함을 시사한다(최성희, 2007). 따라서, 가격 전략의 근본적인 취지는 단순하게 티켓 가격을 책정하는 것에 그치는 것이 아니라 관객들이 티켓 가격이 적정하다고 인지하도록 느끼게 만드는 것이라는 발상의 전환이 필요하다.

3) 유통 전략(Place)

공연예술에서의 유통은 입장권과 장소와 관련된 내용을 의미한다. 누구라도 원하는 시간에 공간적 제약 없이 입장권을 구매할 수 있는 유통 시스템은 관객들의 티켓 구매에 결정적인 영향을 미친다. 공연장의 유통 경로는 크게 아래와 같이 4가지로 이루어지고 있다.

첫째, 매표소를 통한 티켓 유통이 있다. 공연장의 매표소는 단순한 입장권 판매처로서의 역할뿐만 아니라 잠재고객을 유도할 수 있도록 적극적이고, 전문적인 안내소의 역할을 수행해야 한다(조홍제, 2015). 또한 기관의 각종 편의시설(주차 공간, 식음료 공간 등)에 대한 정보를 제공함으로써 고객의 만족도를 높일 수 있다(고상범, 2006).

두 번째, 극장 자체적으로 개발한 예매 시스템을 통한 판매가 이루어지고 있다. LG아트센터, 한국문화예술위원회 공연예술센터, 정동극장, 예술의전당, 세종문화회관, 충무아트홀 등에서 실시하고 있다.

세 번째, 판매대행사를 통한 티켓 유통이 있다. 주로 영리를 목적으로 하는 단체 및 기관에서 활용되며 티켓의 대행 판매를 통해 보다 많은 판매처에서 고객의 접근이 용이하며 이 자체로 광고 및 간접 홍보의 효과도 볼 수 있다는 게 장점이다. 클립서비스가 대표적인 사례라고 할 수 있다.

네 번째, 인터넷을 통한 티켓 유통이다. 인터넷의 발달은 입장권 유통에도 큰 변혁을 일으켰다. 1980년대 공연 입장권은 대형 서점이나 극장에서 판매가 많이 이루어졌지만 요즘은 인터파크, 티켓링크 등과 같은 온라인 예매사이트가 주류다. 티켓 예매와 현장 판매의 비중이 9:1로 압도적인 비중이 온라인으로 유통되고 있다.

이전에는 공연장 내에서 이루어지는 공연예술이 대부분이었다. 최근에는 운동장이나 공원, 동물원, 박물관, 도서관, 고궁, 산업시설, 종교시설, 학교, 시장 등 장소를 구분하지 않고 문화예술이 유통되고 있다. 현대인들의 다양한 욕구에 맞추어 시간, 장소, 작품을 적절하게 결합한 맞춤형 문화예술들이 지속적으로 창작되고 있으며, 여가 시간과 결합한 새로운 형태의 관광 상품으로 인기를 끌고 있다. 또한, 공간의 역사성을 고려한 '장소 특징적 예술'도 커다란 반향을 일으키고 있다.

4) 판매촉진 전략(Promotion)

'판매촉진'은 일반적으로 소비자에게 알리기 위한 마케팅 전략으로 공연예술에 대한 정보를 제공하고 문화예술에 대해 호의적인 태도를 가지도록 설득하고, 잠재 관객이 실제로 티켓을 구매하고 작품을 볼 수 있게 행동에 영향을 미치게 만드는 일체의 행동을 말한다.

'판매촉진'에 많이 사용되는 '아이드마(AIDMA)' 모델이 있다. '아이드마'는 Attention(주의), Interest(흥미), Desire(욕구), Memory(기억), Action(행동)의 머리글자에서 나온 말이다. 관객이 제품의 존재를 인지하고 구매하기까지의 과정을 단순화한 것이다. 판매촉진 전략에 해당되는 전술들은 크게 광고, 홍보, 판촉, 대인판매 등 4가지로 나눌 수 있다. 광고는 신문, 텔레비전, 라디오 등의 유료 매체를 통해 제품의 이미지를 전달하는 방법이다. 홍보는 기사화되어 신문이나 방송을 통해 전달되는 메시지로 신뢰감이 높다. 판촉은 관객들을 직접 만나 행하는 활동으로 성과가 가시적으로 나타난다. 대인판매란 예술 단체가 타겟 고객의 활동을 변화시키기 위해 개인 간의 영향력을 활용해 시도하는 모든 활동을 말하며, 마케팅은 활동에 영향을 미치기 위한 철학이고, 과정이며, 전략과 전술의 체계라고 할 수 있다. 정보 제공부터 먼저 보면 작품에 대한 참석 여부를 결정하기 위해 관객은 작품 내용과 출연진 등 작품 자체에 대한 기본적인 정보와 함께 일시, 장소, 티켓 가격, 티켓 구입 방법 등에 대한 정보를 필요로 하며, 이러한 정보 제공은 대개의 경우 신문, 라디오, DM 등과 같은 홍보 매체를 통해 가장 효율적으로 이루어질 수 있다. 정보는 대부분의 커뮤니케이션 활동에서 필수적인 요소이지만 정보 자체는 특정한 작품형식에 이미 강한 관심을 갖고 있어서 광범위한 홍보활동 없이도 참석할 작품의 정보를 적극적으로 찾아 나서는 열성 관객에 대해서만 유용하기 때문에, 열성 관객들은 문화예술단체에 대한 개인 후원자, 시즌 티켓이나 시리즈 티켓 구매자, 자원봉사활동 참여자 등에서 많이 발견된다(조홍제, 2015).

장기적인 촉진 전략으로는 교육이다. 대부분의 사람에게 작품 감상은 오랜 시간을 두고 배우거나 습득해 온 활동이라 할 수 있는데, 문화예술 관객을 확대하기 위해서는 관객들이 문화예술 행사에 참석하고자 하는 욕구를 충분히 가질 수 있도록 이들의 이해와 감상, 그리고 향유 능력을 개발시켜 줄 필요가 있다. 작품에 대해 첫 번째로 감상 교육이 이루어져야 할 대상은 아직까지 작품 참석과 관련한 설득 활동에 대한 경험이 없는 비참여자 집단이다. 교육은 쉽지 않은 어려운 과제다. 교육을 통해 수많은 정보가 전달 돼야 하고, 오랜 시간 동안의 노력이 소요되며, 경우에 따라서는 개인적인 태도와 신념의 변화가 요구되기도 한다. 이런 이유들로 인해 전통적으로 공연단체들은 비참여자를 교육하는 것을 주저하고 있으면서, 주로 현재의 관객들을 대상으로만 정보를 제공하고, 설득하려는 데 중점을 두어 왔다.

5) 사람 중심 전략(People)

판촉과 마케팅의 중심으로 기존 4P 전략에서 감성마케팅을 위해 새롭게 추가되고 있는 전략이다. 사람은 합리적 의사결정자이면서 동시에 이성적이면서 감정적인 동물로, 사람에게서 받은 감동 등이 실적으로 이어진다는 내용이다. 이는 문화예술에 있어서 예술가, 매개자, 관객 모두가 대상이며 기본적으로 사람에서 사람에게 전달되는 감성적 접근을 강조한다.

라. 공연 홍보

1) 공연 홍보 개요

공연 홍보는 마케팅 전략을 세운 후 홍보를 통해 공중에 널리 알리는 행위를 말하며, 특징은 공연 기간이 짧아서 주로 단기 홍보에 치중하는 총력전의 형태이며, 제작비에서 대비하여 홍보비가 적다. 이에 적은 예산으로 높은 효과를 거둬야 하고, SNS의 발달로 홍보 담당자만이 아닌 모든 관련자가 함께 참여 가능하다.

공연 홍보 세부 분야의 예산 항목

① 지류, 웹, 옥외 홍보물 제작비 및 배포/부착비

② 기자 간담회 운영비: 보도자료 인쇄, 현수막, X 배너, 장소 대관료, 식사비, 기념품, 음향 장비 등

③ 프리뷰 운영비: 음료 및 식사비

④ 촬영비: 홍보물 제작을 위한 사진 및 비디오 촬영

⑤ 온·오프라인 광고비: 신문, 잡지, 버스, 지하철, 온라인 배너, 웹 광고 등

⑥ 텔레비전·라디오 광고 제작비

⑦ 홍보 진행비: 음료 및 식사비, 교통비, 주차비 등

2) 공연 홍보 매체

공연 홍보 매체는 신문, 잡지 등의 인쇄 매체와 뉴스, 예능 등의 방송 매체, 인터넷 뉴스, 공연 관련 커뮤니티 등 인터넷 매체 등이 대표적이다. 공연 홍보물 종류는 포스터, 리플렛, 프로그램북과 같은 인쇄 홍보물, 현수막, X-배너, 가로등 배너 등의 옥외 홍보물이 있다. 공연 광고 종류는 텔레비전 및 라디오 광고 등 매체 광고, 신문, 잡지 등 지류 광고, 전광판, 대중 교통 등의 옥외 광고, 그밖에 DM, 인터넷, SNS, 엘리베이터 광고 등이 있다.

3) 공연 티켓과 티켓 홍보 마케팅

① 티켓 예매처 선정

티켓 판매 대행사는 대표적으로 '인터파크 티켓'과 '티켓 링크'가 있다. 인터파크 티켓은 2~30대 연령층을 주 고객으로 운영되며, 티켓 링크는 가장 오래된 티켓 판매 업체로 30대 이후 연령층을 주 고객으로 운영한다. 티켓 예매처는 티켓 판매 대행 계약을 체결하고 공연 홍보 및 티켓 예매를 대행하고 티켓 판매 수수료를 취득한다. 티켓 예매처는 단수/복수로 운영 가능하며, 단수의 장점은 좌석 관리 용이, 제반 비용 절감, 지원과 혜택이 많다는 점이고, 단점은 티켓 예매처를 통한 홍보에

제한, 티켓 판매 사각지대 발생, 유통 채널의 단순화이다. 복수의 장점은 티켓 예매처를 통한 홍보 강화, 티켓 판매 경로 다양화, 다양한 프로모션 진행이 가능하다. 단점은 제반 비용 과다, 좌석 관리 어려움, 예매처별 지원과 혜택 감소 등이다.

② 티켓 홍보 마케팅

티켓 업무를 총괄하는 사람을 티켓 마스터 또는 티켓 매니저라고 부른다. 티켓을 활용한 홍보 마케팅을 보통 티켓 바터(barter)라고 한다. 바터란 물물교환을 뜻하며 티켓과 유/무형의 물품을 교환하는 형태로 진행하는 것을 의미하며, 홍보 마케팅 비용이 부족할 때 티켓의 자산적 가치를 활용해 홍보 마케팅을 진행하는 방법이다. 티켓 바터 사례는 아래와 같다.

- 공연 초기 파워 블로거, 인플루언서, 공연 관련 업체(광고, 카페 등)에서 공연 리뷰를 조건으로 티켓 제공
- 공연 관객을 위한 이벤트 개최를 위해 필요한 물품과 티켓을 교환(예: 책, 화장품, 가전 기기 등)
- 공연하는 극장의 유료 회원에 홍보성 대가, 기업 단체 유치를 위한 티켓 바터 등

4) 보도자료

① 보도자료 배포 요령

언론매체에 게시되는 기사는 기자들이 스스로 아이템을 찾고 기획해

쓰는 기사와 홍보 및 정보 제공을 목적으로 상대로부터 제공받은 보도자료를 싣는 기사가 있다. 따라서, 보통 기자의 메일함에는 매일 몇 개에서 수십 개의 다양한 보도자료가 수신되어 있기에, 제목에서부터 매력적이지 않다면 바로 휴지통으로 직행할 수 있으며, 또한 기자의 주 분야에 맞지 않으면 지면이나 온라인에 실리지 않는다. 따라서, 기자의 소속 부서(예: 문화부)를 우선 확인하고, 주로 공연 관련 기사를 업데이트하는지 확인 후 메일을 보내야 수고가 의미 있다. 기자들이 쉬는 날은 피하고, 기사 작성에 유효한 시간(오전 8~9시 사이가 좋고, 다음이 오후 1~2시)에 발송하는 것이 유리(예: 경기 지역 문화부 기자는 금~토요일이 휴일이라 보통 일~목에 발송)하다.

문화체육관광부	보 도 자 료		사람이 있는 문화
보도일시	배포 즉시 보도해 주시기 바랍니다.		총 5쪽(붙임 3쪽 포함)
배포일시	2018. 9. 14.(금)	담당부서	문화예술정책실 지역문화정책과
담당과장	박종달(044-203-2611)	담 당 자	사무관 윤상혁(044-203-2606)

일상과 문화의 만남, 2018 전국생활문화축제 개최

- 9. 14.~16. 서울 대학로 마로니에 공원 일대에서 진행 -

문화체육관광부(장관 도종환, 이하 문체부)가 주최하고 지역문화진흥원(원장 나기주)이 주관하는 '2018 전국생활문화축제'가 오는 9월 14일(금)부터 16일(일)까지 서울 대학로 마로니에공원 일대에서 열린다.

'전국생활문화축제'는 2014년부터 매년 진행되고 있는 전국 단위의 생활문화동호회 축제로서, 이번 축제에는 16개 시도에서 생활문화동호회 140여 개와 생활문화인 1,200여 명이 참여한다. '생활문화 여(餘). 기(技). 예(藝)'라는 표어 아래 동호회 공연, 기획 전시 및 영상제, 공예 체험 행사, 거리공연(버스킹) 등 다양한 행사가 열릴 예정이다.

전국 각지 동호회 협업과 주제기획 공연으로 채워지는 전야제와 개막식

개막식 전날인 9월 14일(금) 오후 8시부터는 대학로 마로니에공원 야외공연장에서 전야제가 열린다. 어머니와 학생 연합동호회가 함께하는 '종로 세검정 오케스트라'(서울 종로)의 아름다운 화음과 더불어 10대부터 70대까지 다양한 세대가 함께하는 '거제 무지개가족 합창단'(경남 거제) 공연이 펼쳐진다.

개막식은 9월 15일(토) 오후 2시부터 대학로 마로니에공원 야외공연장에서 개최된다. 분야가 서로 다른 생활문화인과 전문예술가 11명이 이번 축제의 표어[생활문화 여(餘). 기(技). 예(藝)]를 춤으로 표현하는 주제기획 공연 '함께하는 놀이판'을 시작으로, 장애 · 비장애 생활문화인이 함께하는 '조용한 수다'(부산 중구)의 공연, 다세대를 아우르는 충북 지역의 '두꺼비 앙상블'과 '베토벤바이러스'가 모여 만들어내는 화합의 목소리, 밸리댄스와 난타공연이 만나는 '헤라'(전북 군산) 등이 개막식 무대를 빛낼 예정이다.

관람객도 함께 참여할 수 있는 다양한 전시, 체험, 거리공연 개최

관람객들은 체험 프로그램과 거리공연 관람을 통해 생활문화를 몸으로 직접 느껴볼 수 있다. 자수, 멋글씨(캘리그래피), 압화* 등 11개의 다양한 체험 프로그램과, 대학로 '공공그라운드' 앞마당과 대명거리에서 펼쳐지는 거리 공연이 관람객들을 기다린다. 한국장애인문화예술원 이음센터 갤러리와 스튜디오에서는 기획 전시 및 영상제인 '생활이 예술을 번역하는 방식: 4개의 언어전(展)'과 '생활문화 뉴웨이브전(展)'을 통해 일상 속 생활문화 활동의 의미와 새로운 경향도 살펴볼 수 있다.

* 압화: 꽃과 잎을 눌러서 말린 그림

축제에 참여하는 동호회인들이 모이는 '생활동호회 교류의 밤'에서는 동호회들 간에 협력 사례들을 공유한다. 개막식 무대에 오르는 구로(서울)-군산(전북)-부산의 협업 공연 등, 지역 간 공동 프로그램을 준비하는 과정과, 경력단절여성들의 동아리 활동이 지역문화예술협동조합으로 발전한 사례 등을 논의할 예정이다.

문체부 정책 담당자는 "'2018 전국생활문화축제'는 생활문화 활동의 새로운 변화와 방향을 모색하는 자리다. 이 자리를 통해 일상 속 생활문화를 새로운 시각으로 조명하고, 국민들이 일상 속에서 누릴 수 있는 생활문화 활동들이 더욱 활성화되기를 기대한다."라고 밝혔다.

붙임 1. 2018 전국생활문화축제 포스터

2. 2018 전국생활문화축제 주요일정 및 프로그램 소개

OPEN	이 자료에 대하여 더욱 자세한 내용을 원하시면 문화체육관광부 지역문화정책과 사무관 윤상혁(☎ 044-203-2606) 또는 지역문화진흥원 팀장 유상진(☎ 02-2623-3111)에게 연락해 주시기 바랍니다.

붙임1 2018 전국생활문화축제 포스터

붙임2 2018 전국생활문화축제 주요일정 및 프로그램 소개

□ 전체 주요 일정

구분		8.11(금)	9.15(토)		9.16(일)	
메인	마로니에 공원		개막식 및 주제기획공연 14:00-15:05	공예·체험 1팀: 14시-16시 2팀: 16시-18시	동호회 공연 14:00-16:35 / 폐막식 16:45-17:55	공예·체험 2팀: 13시-15시 1팀: 15시-17시
		전야제 20:00-21:30	동호회 공연 14:35-18:00			
	한국장애인 문화예술원 이음센터	생활미술파티 2F 갤러리 및 5F 이음아트홀 / 기획전시회&영상제 2F 갤러리 및 5F 이음아트홀 17:00~20:00	기획전시회&영상제/ 생활문화 뉴웨이브전(展) 2F 갤러리 및 5F 이음아트홀 11:00~18:00		기획전시회&영상제/ 생활문화 뉴웨이브전(展) 2F 갤러리 및 5F 이음아트홀. 11:00~18:00	
기획			미니멈 버스킹 (토요일: 1400-17:00 / 일요일: 13:00-16:00)			
교류	오전		개최지투어 프로그램			
	오후		생활문화동호회 교류의밤 20:30-22:00			

* 세부일정 변동 가능성 있음

□ 프로그램별 주요내용

1. 공연 프로그램

<개 막 식>

일시/장소		9.15(토) 14:00 ~ 18:00 / 대학로 마로니에공원 야외공연장
주요 행사	행사명	① 함께하는 놀이판
	내 용	축제의 이념과 취지를 시민들의 몸짓과 소리, 움직임과 노래로 형상화
	참가자	서울 <구립여성합창단 연합회>, 시민참여단 11명, 전문예술가
	행사명	② 개막 길놀이 협업공연
	내 용	구로(서울), 군산(전북), 부산을 이어주는 권역 간 협업공연
	참가자	서울 구로 <한맘패>, 전북 군산 <나포 십자들 풍물패>, 부산 <구포대리지신밟기보존회>

※ 전야제 : 9. 14(금) 20:00 ~ 21:30 / 대학로 마로니에공원 야외공연장

<폐 막 식>

일시/장소	9.16(일) 14:00~18:00 / 마로니에공원 야외무대
행사명	폐막 방송댄스 협업공연
내 용	2018 전국생활문화축제의 이념과 취지를 반영한 동서를 이어주는 권역 간 협업공연
참가자	광주 서구 <J.N.J.C>, 부산 북구<40대여성 K-pop 댄스퍼포먼스 동호회 ENG>

2. 전시·영상 프로그램 : 9.14(금) ~ 9.16(일)

4개의 언어	내용	4개의 세부주제(자전적 실험, 경계 지우기, 순환의 플랫폼, 수집과 재형)로 전시 구성
	장소	한국장애인문화예술원 이음센터 2층 갤러리
생활문화 뉴웨이브	내용	예술과 취미의 접점에 있는 경계 예술 활동인 피규어, 희귀아이템 수집 소개
	장소	한국장애인문화예술원 이음센터 5층 스튜디오
	참가자	피규어 <건담이 지키는 작업실>, <재미나공작소>, 희귀아이템수집<코카콜라의 아름다운세상>

3. 생활문화 공예·체험 프로그램 : 9.15(토) ~ 9.16(일)

지역		참가 동호회	내용
경기 성남		<캘리애>	캘리그라피
경기 용인		<캔디캔디>	프랑스 자수
양평 용문		<꽃차에 담은 인생이야기>	※ 기획전시 갤러리 유치
인천 부평		<더 블루>	종이꽃 공예
충남 천안		<끈으로 맺어진 사람들>	매듭공예
충남 당진		<글사랑 캘리그라피>	캘리그라피
전북 김제		<꽃비담>	압화
		<늘품한지>	한지 공예
경북 상주		<인형극단 공갈못>	누에고치 공예
부산	북구	<종이각시 펩아트>	펩아트
	영도	<영도3D세상>	3D 펜아트

그림 6. 보도자료 작성 예시

② 보도자료 작성 시 유의 사항

보도자료는 크게 제목과 본문으로 구성되며 위에서부터 핵심 내용을 기술(역삼각형)한다. 제목은 전체 내용을 핵심 요약한 제목과 부연 설명으로 구성되는 부제목으로 구성된다. 제목에서 어떤 정보를 제공하려는지 정확히 드러나야 하며, 그것이 읽고 싶어지도록 매력적이어야 한다. 본문에서 리드문은 육하원칙에 따라 작성해 제목+리드문으로 모든 정보가 제공될 수 있도록 해야 한다. 출연진 정보, 공연 내용, 특징, 제작진 인터뷰, 티켓 정보, 단체 정보 및 연락처 등을 제공해야 하며, 관련된 사진은 2~3개 정도 고화질로 첨부하면 주목도가 높아질 수 있다.

③ 언론매체 이슈

보도자료 배포와 관련, 공연 제작 안내, 캐스팅 소식, 티켓 오픈 및 프로모션, 연습 과정, 공연 소개, 흥행 성적, 폐막 안내 등에 활용 가능하다. 제작발표회는 보통 공연 임박 시점에 진행하여 관심도를 끌어 올릴 수 있다. 메이저 매체의 문화부 기자, 통신사 기자, 지역 일간지 문화부 기자, 문화 대기자 등을 초청하여 간단한 다과와 함께 진행하며, 이때 식사 제공 및 공연과 관련한 자료를 별도로 준비하여 제공(USB, 책자 등)한다. 프레스콜은 보통 공연장에서 마지막 드레스 리허설을 공개하는 것으로 하여 공연 사진 촬영 및 공연의 기대감을 강조하는 프리뷰 기사 작성을 기대한다. 실제 공연 오픈 후 공연 리뷰 기사 작성 및 관객 반응을 담은 리뷰 기사 작성을 위해 기자를 초대하기도 한다.

제2부

태권도 공연과 유사콘텐츠 사례

04

태권도 공연의 이해

가. 태권도 공연의 역사

태권도 공연의 역사는 태권도 시범으로부터 발전해 왔다고 해도 과언이 아니다. 태권도는 우리 고유의 무예이자 스포츠로 겨루기를 통해 보여주는 강한 정신력과 파괴력, 태권도 시범을 통해 보여 주는 화려한 기술과 절제된 동작으로 전 세계에 주목을 받았다. 이러한 태권도의 역동적인 매력은 태권도 세계화에 커다란 공헌을 하였으며, 세계화에 있어서 태권도 시범은 아주 중요한 중추적 역할을 담당해 왔다(엄주용, 2019). 태권도의 여러 장점을 활용해 구성한 태권도 시범은 전 세계로 태권도를 보급함은 물론 오늘날 태권도가 발전하는 데 지대한 공헌을 했다는 것을 부정할 수 없다(최광근, 2011).

태권도의 명칭은 광복 이후에 확정되었으며, 태권도는 주로 국토방위, 자위 무술, 호신술, 정신수련 등 '무술' 훈련에 중점을 두고 수련해 왔다. 이러한 태권도는 1957년 이승만 대통령의 초청으로 베트남 대통령 응오 딘 지엠(Ngo Dinh Diem)의 한국 방문 때 시범을 보여줌으로써 많은 사람에게 알려지게 된 계기가 되었다. 베트남 대통령은 태권도 훈련을 본 후 태권도에 대해 큰 관심을 보였고, 베트남에 돌아가서 한국 국군 태권도 시범단을 초청하였다. 이 시기에 한국 국군 태권도 시범단은 베트남, 대만을 순회하며 태권도를 선보였고, 아시아에 태권도를 알리는 계기가 되었다고 한다. 이후 해외 순방 시범을 통해 태권도를 알리고, 국위 선양에 힘썼다. 이러한 태권도 시범의 태동기는 세계적으로 대한민국과 태권도를 알리는 계기가 되었다.

이후 군대에서뿐만 아니라 일반인들도 태권도를 배우기 시작했으며, 초등학교 어린이 시범단을 창단하여 태권도 시범을 보임으로써 태권도가 가진 우수성을 널리 보급하였다. 초기 어린이 태권도 시범단은 남대문 초등학교(1967년), 미동 초등학교(1973년), 신도림 초등학교(1978년)가 대표적이다. 당시 어린이 태권도 시범단은 성인 태권도 시범단과 함께 '외교사절단'으로 대한민국을 알리는 중대한 역할을 하였다(최광근, 2011). 1974년에는 국기원에서 시범단을 창단, 국내·외 태권도 시범을 선보이며 대한민국을 알리는 역할을 하였다. 이후, 태권도의 위상이 높아지며 각 대학에서 태권도학과를 설립하였다. 용인대학교(1982년)를 시작으로, 경희대학교(1983년), 계명대학교(1995년), 경원대학교(1997년), 한국체육대학교(1997년) 등 각 대학에서 학과 설립 및 태권도 시범단을 창단하였다. 각 대학 태권도학과 설립과 함께 대학별로 태권도 시범대회를 개최하여 훌륭한 인재를 배출하고 있으며, 이후 2008년 대한태권도협회 국가대표 태권도 시범공연단, 2009년 세계태권도연맹 태권도 시범단이 창단되어 큰 관심을 끌었으며, 이때부터 국기원, 세계태권도연맹, 대한태권도협회의 3개 단체의 시범단이 대표성을 띄며 각 단체의 특색을 가지고 국내·외로 다양한 활동을 하게 되었다.

태권도 겨루기가 올림픽 정식종목으로 채택되어 국내는 물론 해외에서도 큰 관심을 가졌고, 이는 시범에도 새로운 변화를 가져왔다. 1992년, 첫 태권도 한마당 대회를 개최해 품새, 위력 격파, 기술 격파, 호신술, 태권체조 등 모든 종목을 경기화했고, 이로 인해 태권도 시범은 활성화되었다. 이후 대한태권도협회에서는 2009년 '태권도 격파왕 대회'를 개최하였고, 같은 해 12월 국기원은 제1회 '세계 태권도 시범 경연대회'를 개최하였다.

태권도 공연의 시작은 1980년대 초반 범기철에 의해 시작된 '태권무'이며, 이는 무대예술로서 태권도 공연의 출발점이라고 볼 수 있다. 특히, 1983년 11월 20일, 세종문화회관 소강당에서 공연한 <범기철의 태권무>를 최초의 태권도 공연이라고 볼 수 있다.

■ 총색인 검색 >> 검색어 >> 범기철 14건 / 총 36439건

기사검색 : 찾기

발행월	[분류명] 제목 - 소제목	저자(역자/출처)
1982-12	[무용계기별] 범기철 태권 무용발표회	
1983-11	[무용계기별] 범기철 태권무 공연	
1984-01	[공연평] 춤의 세계로 들어온 태권무 - 범기철 태권무용을 보고	○ 강준혁 著
1984-07	[무용계기별] 범기철 태권무 공연	
1985-02	[무용계기별] 범기철씨 국예원 개원	
1985-09	[무용계기별] 범기철씨 태권무 <민족의 혼>의 안무 맡아 - 제7회 세계태권도선수권대회 식전행사	

1985-09	[무용계기별] 범기철씨 <젊은 날의 초상>의 태권무부분 안무 맡아 - 국립무용단 정기공연
1986-12	[무용계기별] 범기철씨 세계태권무 연맹 창립식 가져 - 동경 안국생명 홀에서
1987-04	[춤계기별] 범기철, 백미선 공연 성료
1987-07	[춤계기별] 범기철 태권무 스튜디오 개원
1987-10	[춤계기별] 범기철 <태권무> 일본 공연 성료
1988-07	[춤계기별] 범기철 태권무 일본공연
1992-09	[춤계기별] 범기철씨 공연 성료
1996-06	[춤계기별] 범기철씨 태권무 공연 성료

그림 7. 〈월간 춤〉에서 범기철 검색 기록(온라인 월간 춤)

이는 1세대 문화기획자(공간사랑 극장장) 강준혁이 1984년 1월 월간 춤(잡지)에 1983년 범기철의 태권무를 보고 이에 대해 공연평을 게재한 것을 근거로 한다. 강준혁은 이 공연평에서 "그의 무용은 이미 태권도의 기본형을 나열한다거나 또는 이를 이용한 매스 게임의 한계를 벗어나고 있다. 무용가로 작품을 구성해 나가겠다는 의도가 뚜렷이 보이고 있는 것이다. 특히, 태권도를 익힘으로써 가능한 힘 있는 시선, 느린 동작에서도 분명히 전달되는 힘 등은 일반 무용가들의 숙련방식에서는 기대하기 힘든 태권무 고유의 장점이리라."란 긍정적 평가와 "아직 출발 단계인 만큼 각 동작의 연결에서도 무리한 점이 많이 보인다. 아마도 이는 태권도를 기본으로 해야겠다는 강박관념이 하나의 동작이 자연스럽게 맺고 또 풀어지기 전에, 다음 동작의 준비를 강요하고 있는 것이 아닌가 생각되어진다."라는 부정적 평가가 이뤄졌다. 이후 태권도 공연 관련 연구들은 대체로 범기철에 대해 "태권도 예술화로써의 가치는 인정받을 만하지만, 태권도의 진가인 역동미 등을 고려하지 않은 단순히 태권도와 무용과 만남의 정도로만 그치고 말았고 또한 단순한 태권도 동작의 표현으로 예술성을 너무 강조한 나머지 음악과 극의 흐름이 일관되지 못하여, 예술성과 작품성은 돋보였으나 대중성에는 실패한 공연"이라고 평가하였다.

범기철은 <범기철의 태권무> 이후 1985년 9월 국립무용단 정기공연 <젊은 날의 초상>의 태권무 부분 안무를 맡았고, 해당 공연의 안무였던 조흥동(前 국립무용단, 前 경기도립무용단 예술감독)이 이후 경기도립무용단 대표 레퍼토리 <태권무무 달하>를 제작하는 데 영향을 미쳤다.

또한 태권도 시범은 정통 시범의 고수, 변화, 다양화, 스토리화의 4단계의 변화 과정을 거쳤는데, 1980년대의 정통 시범은 태권도를 통해 한국의 위상과 기술을 알리는 데 목적이 있었으며, 위력 격파와 단순 고공 격파 등으로 시범을 이끌었다. 1990년대는 한 번 뛰어 체공에서 이루어지는 격파와 창작 품새, 태권체조 등 다양한 프로그램이 개발되며 태권도 시범이 변화하였고, 2000년대 들어와 새로운 회전기술, 고공 기술, 신기술 등 다양한 시범 기술이 인간의 한계에 도전하는 기술력으로 발전했다. 현재는 음악과 체조, 아크로바틱(acrobatic) 기술을 접목하고 스토리(story)가 추가되며, 권선징악, 대립, 화합 등을 주제로 한 공연화를 시도하고 있다(곽택용, 2020).

이러한 변모 속, 2006년 대한태권도협회의 <신화>와 코리아 아트 컴퍼니의 <비가비>를 시작으로 <더 문(The Moon) Ⅰ, Ⅱ, Ⅲ>, <신화 Episode Ⅰ, Ⅱ>, <태권 몽키>, <타타 in 붓다>, <탈(TAL)> 등 태권도를 소재로 한 태권도 공연이 제작되기 시작하였고, 태권도 시범이 공연화되는 가능성을 열어주었다. 2010년 제작된 <탈>은 대한태권도협회가 주최하고, ㈜SR 그룹 제작, 문화체육관광부 후원으로 탄생한 공연물로 태권도를 기본으로 타악과 전통무용, 비보이 등 다양한 한국적 이미지가 표현된 작품이다. 특히 <탈>은 태권도 공연 최초로 정부 지원(문화체육관광부)으로 월드투어를 추진, 세계를 대상으로 공연을 선보였다. 이외에도 국기원 시범단의 <Great Taekwondo>, 와이킥엔터테이먼트의 태권 뮤지컬 <혼>, ㈜킥스 컴퍼니와 대한태권도협회의 <킥스 시즌 1, 2, 3> 등 태권도를 대표하는 공연이 계속해서 제작되어 왔다. 국기원 태권도 시범단의 공연인 <Great Taekwondo>는 2015년부터 2018년 <한국의 혼>까지 국기원에서 상설 공연을 진행하였고, 태권 뮤지컬 <혼>은 민간 태권도 단체 공연으로 2016년 제주도 상설 공연을 비롯해 관광객을 주 대상으로 선보였다. 또한 2018년 대한태권도협회에서 대한체육회와 문화체육관광부의 예산을 확보하기 위해 제작한 쇼케이스 공연 <TAEKWON ALIVE>는 지금까지 시도되지 않았던 무대기술들과 조명으로 화려하게 제작되었지만 예산이 편성되지 않아 실제 공연으로 이어지지 못했다.

이처럼 태권도 공연은 새로운 문화 가치를 창출하고 한국의 국가 브랜드로서 성장하기 위해 노력하고 있다. 태권도 관계 기관에서 제작되는 태권도 공연과 그밖에 민간 단체의 태권도 공연은 태권도를 예술로 승화시키고 새로운 문화를 만들어나가는 계기를 만들고자 노력하고 있다.

표 8. 태권도 공연과 작품의 특징

공연명	연도	목적	주체	형태	확산성과	제작사
범기철의 태권무	1983~	태권도의 공연화 도전(무용화)	태권도인(개인) 주도	무용	무용계에 영향(조흥동)	국예원
태권 다이아몬드	2003	태권도를 주제로 한 전문공연 제작	공연제작사 주도(태권도인 참여)	넌버벌 퍼포먼스	태권도 주제의 공연 가능성	(사)코리아 태권도 예술단
THE MOON I 은빛 달의 기사들	2005	전문 무용 공연에 태권도 기술 활용	무용단체 주도(태권도인 참여)	무용극	태권도 기술의 협업 가능성	경기 아트센터
신화 태권도 2013 Episode I	2006	태권도 기술을 활용한 태권도 공연제작	태권도단체 주도	시범	태권도 단체의 공연제작 관심	대한태권도 협회
THE MOON II	2006	THE MOON을 각색하여 발전시킨 공연	무용단체 주도(태권도인 참여)	무용극	태권무무 달하 제작 영향	경기 아트센터
THE MOON 태권무무 달하	2008~	조흥동의 전문 무용 공연에 태권도 기술(단체) 활용	무용단체 주도(태권도 단체 참여)	무용극	국·내외 활동, 10년 이상 대표 레퍼토리	경기도립 무용단
패밀리	2008~	백재현의 태권도 넌버벌 퍼포먼스 제작	공연제작사 주도(태권도인 참여)	넌버벌 퍼포먼스	브로드웨이 진출로 가능성 입증	㈜ 루나틱 컴퍼니
신화 태권도 2013 Episode II	2009	KTA태권도시범 공연단과 비보이를 사랑한 발레리나 연출진의 상업공연 도전	태권도단체 주도(공연제작자 참여)	넌버벌 퍼포먼스	실패했지만, TAL 제작 영향	대한태권도 협회
타타인붓다	2009	우석대 태권도학과와 백재현의 뮤지컬 시도	대학교 주도(공연제작사 참여)	뮤지컬	넌버벌 장르 외 새로운 장르 도전	㈜ 쇼엘, 우석대학교
태권몽키	2010	백재현이 K-타이거즈를 활용한 상업 공연 제작	공연제작사 주도(태권도 단체 참여)	넌버벌 퍼포먼스	K-타이거즈의 엔터테인먼트 관심	㈜ 쇼엘

공연명	연도	목적	주체	형태	확산성과	제작사
TAL	2010~	KTA태권도시범 공연단과 최소리의 월드투어공연 제작	태권도단체 주도(공연 제작자 참여)	넌버벌 퍼포먼스	월드투어 및 장기공연 추진	대한태권도 협회, SR그룹
비가비	2011~	국악인 출신 성상희의 태권도 타악 퍼포먼스	국악인 주도 (태권도단체 참여)	넌버벌 퍼포먼스	태권도원 상설 공연	코리아 아트컴퍼니
라이벌	2013~	점프 제작진이 다수 참여하여 공연 제작	전문 공연 제작사 주도	넌버벌 퍼포먼스	점프 제작진의 전문 태권도 공연	㈜라이벌 공연전문 회사
태권, 춤을 품다!	2013	세종문화회관 '2012 춤 배틀, 베틀?!' 최우수작	전문공연장 주도(태권도· 무용 협업)	융합극	전문공연장의 태권도 관심	세종 문화회관
한빛	2013	대한민국 국가 브랜드인 한글과 태권도의 콘텐츠 결합	태권도 전문 공연단체 주도 (공연전문가 참여)	넌버벌 퍼포먼스	한국고유콘텐츠 간 접목 가능성	㈜ Y-kick
혼	2014~	대한민국 3대 문화 브랜드 한글, 아리랑, 태권도의 콘텐츠 결합	태권도 전문 공연단체 주도 (공연전문가 참여)	넌버벌 퍼포먼스	태권도 전문 공연단체의 지속 활동	㈜ Y-kick
TAEFUN	2014	소극장용 태권도공연 제작	태권도 전문 공연단체 주도	넌버벌 퍼포먼스	태권도공연 다양성 추구	NOLJA
태권포스 - 에이지 오브 태극	2015	우석대 태권도학과가 공연전문가와 협업	대학교 주도 (공연제작사 참여)	넌버벌 퍼포먼스	우석대학교의 태권도공연 지속 추진	㈜세상기록, 우석대 태권도 특성화사업단
모던태권도 킥스	2016	TAL 이후 KTA의 전문 태권도공연 제작	태권도단체 주도(공연 제작사 참여)	넌버벌 퍼포먼스	상설공연 및 시즌제 제작	㈜킥스, 대한 태권도협회
비바츠 태권발레	2016~	태권도, 발레, IT, 애니메이션의 결합	무용(발레)인 주도(태권도 단체 참여)	무용극	단체 대표 레퍼토리로 성장	비바츠 예술 매니지먼트
홀로그램 라이브 퍼포먼스 킥스 시즌2	2017	킥스를 각색하여 발전시킨 공연	태권도단체 주도(공연 제작사 참여)	넌버벌 퍼포먼스	상설공연 및 시즌제 지속	㈜킥스, ㈜콘팩, 대한태권도 협회

공연명	연도	목적	주체	형태	확산성과	제작사
Great Taekwondo 위대한 태권도	2017	국기원 태권도 시범단이 태권도공연 제작	태권도단체 주도	넌버벌 퍼포먼스	상설공연 제작 영향	국기원
Great Taekwondo –달의 무사	2017	관광상품으로 활용할 태권도공연 제작	태권도단체 주도	넌버벌 퍼포먼스	국기원 관광상품 활용	국기원
Great Taekwondo –한국의 혼–	2018	Great Taekwondo를 각색하여 발전시킨 공연	태권도단체 주도	넌버벌 퍼포먼스	2019 CBS The World's Best 준우승	국기원
모던태권도 킥스시즌3	2018	킥스를 각색하여 발전시킨 공연	태권도단체 주도 공연제작사 참여)	넌버벌 퍼포먼스	상설공연 추진	㈜킥스, 대한태권도협회
소리킥	2018	판소리 다섯마당 중 '홍보가'를 재해석한 공연	대학교 주도 (공연단체 참여)	넌버벌 퍼포먼스	시즌제 제작	우석대 태권도 특성화사업단, 한국소리 문화의 전당
태권무무 오백장군 이야기	2019	제주의 오백장군 신화를 활용한 태권도공연	태권도 전문 공연단체 주도	넌버벌 퍼포먼스	Y-kick의 지속 활동	㈜ Y-kick
소리킥 시즌2 흥부, 소리를 차다	2020	소리킥을 각색하여 발전시킨 공연	대학교 주도 (공연단체 참여)	넌버벌 퍼포먼스	시즌제 제작	우석대 태권도 특성화사업단, 한국소리 문화의 전당
태권유랑단 녹두	2021	국악, 농악, 태권도를 활용한 태권도공연	대학교 주도 (공연단체 참여)	넌버벌 퍼포먼스	시즌제 제작	
소리킥 시즌3 태권유랑단 녹두	2022	소리킥과 녹두를 각색하여 발전시킨 공연	대학교 주도 (공연단체 참여)	넌버벌 퍼포먼스	시즌제 제작	
뮤지컬 태권, 날아올라	2022~	태권도인과 공연전문가 간의 조화로운 협업	태권도인 주도 (공연전문가 참여)	뮤지컬	넌버벌 장르 외 새로운 장르 도전	라이브㈜, ㈜컬쳐홀릭

나. 태권도 공연의 구분

1) 시기별 구분

태권도 공연을 시기적으로 구분하면 다음과 같다.

- 1기(1983~2005년): 태권도라는 소재를 활용해 공연 제작 ex) <더문> 등
- 2기(2006~2014년): 태권도인이 참여한 공연 제작(시범의 공연화) ex) <신화 태권도 2013>, <TAL> 등
- 3기(2015~현재): 전문 공연 제작사와 태권도인의 협업 ex) <비바츠 태권발레>, <태권, 날아올라!> 등
- 주요 특징: 신체를 활용한 비언어극(넌버벌 퍼포먼스), 음악을 활용한 안무 및 태권도 기술 활용
- 주요 성과: 흥행에 성공했다고 평가할 만한 공연은 없음, <TAL>은 정부 예산으로 해외 투어 공연

2) 제작 주체별 구분

태권도 공연을 제작 주체별로 구분하면 다음과 같다.

- 태권도 기관 제작: KTA <TAL>, 국기원 <Great Taekwondo> 등 태권도 기관의 공연 제작
- 대학교 제작: 우석대학교 <소리킥>, 계명대학교 <LET'S> 등 대학교에서 공연 제작
- 공연 제작사: 루나틱컴퍼니 <패밀리>, 코리아아트컴퍼니 <비가비>, 비

바츠예술매니지먼트 <비바츠 태권발레> 등 전문 공연 제작사 공연 제작

- 공공기관: 세종문화회관 <태권, 춤을 품다!>, 경기아트센터 <태권무무 달하> 등 공공문예회관에서 제작

3) 공연 집단별 구분

태권도 공연을 협업한 공연 집단으로 구분하면 다음과 같다.

- 무용과 협업: 무용단, 발레단과 협업한 <태권무무 달하>, <비바츠 태권발레> 등
- 타악과 협업: 국악, 타악 단체와 협업한 <TAL>, <비가비> 등
- 전문 연출진과 협업: 전문 연출진과 태권도 배우가 협업한 <태권몽키>, <킥스>, <소리킥> 등
- 전문 출연진과 협업: 연극, 뮤지컬, 타무술 배우와 협업한 <점프>, <패밀리>, <태권, 춤을 품다!>, <태권, 날아올라> 등
- 태권도인 자체 제작: <신화 태권도 2023>, <한빛>, <혼>, <Great Taekwondo> 등

다. 주요 태권도 공연 소개

1) 정부 지원 속 월드 투어 〈TAL〉

- 제작사: 대한태권도협회

- 공연장르: 넌버벌 퍼포먼스
- 공연기간: 2010~2015년
- 상설공연: 13.1.25~3.24, 2014.6.28.~8.31
- 공연특성: 태권도와 타악, 현대무용, 비보이의 조합으로 이루어진 공연, 정부의 예산 지원을 통해 35개국 50개 이상의 도시에서 공연, 타악 퍼포먼스 연출 최소리를 섭외하여 공연 제작

2) 태권도와 국악의 만남 〈비가비〉

- 제작사: 코리아아트컴퍼니 → 비가비아트컴퍼니
- 공연장르: 넌버벌 퍼포먼스
- 공연기간: 2011~2023년
- 공연특성: 태권도와 타악의 조합으로 이루어진 공연, 국내 다양한 태권도 단체 등과 협력 사업 진행, 태권도원 상설공연(2019~2021), (사)태권도 외교단 산하에 비가비 공연팀으로 활동

3) 태권도 시범의 발전 〈Great Taekwondo〉

- 제작사: 국기원
- 공연장르: 넌버벌 퍼포먼스
- 공연기간: 2016~2018년(시즌1, 2, 3)
- 상설공연: 16.2.23~12.31, 17.6.15~12.31, 18.9.1~12.31
- 공연특성: 태권도 시범 중심에 음향과 조명을 사용한 형태로 진행,

무용과 K-POP 등 태권도를 빛내줄 콘텐츠 사용, 2019 CBS The World's Best 오디션 프로그램 준우승

4) 태권도와 문화기술(CT)의 만남 〈킥스(Kicks)〉

- 제작사: 대한태권도협회
- 공연장르: 넌버벌 퍼포먼스
- 공연기간: 2016~2018년(시즌1, 2 ,3)
- 상설공연: 16.1.14~10.31, 17.4.20~8.26, 18.1.12~2.25
- 공연특성: 홀로그램, 트램펄린 등 다양한 문화기술(CT)을 활용한 화려한 볼거리 제공, 정부의 예산 지원을 통해 상설공연 진행, 상품화를 위한 구체적이고 전략적인 실행 대안 부족 등 예술적 완성도 부족의 아쉬움

5) 태권도와 발레의 만남 〈비바츠 태권발레〉

- 제작사: 비바츠 예술매니지먼트
- 공연장르: 뮤지컬
- 공연기간: 2016~2022년
- 공연특성: 태권도, 발레를 활용한 댄스 뮤지컬(발레 단체 제작), LED 등 다양한 기술을 접목 및 활용하는 융복합 공연, 경희대학교와 협력 및 나태주와 협업

6) 대학의 적극 지원의 결과 〈소리킥〉

- 제작사: 우석대학교 태권도 특성화사업단, 한국 소리문화의 전당
- 공연장르: 총체극(넌버벌, 음악극, 연극, 뮤지컬등)
- 공연기간: 시즌1(2018년), 시즌2(2020년), 시즌3(2022년)
- 공연특성: 태권도, 국악, 농악, 무용 등 한국 전통문화를 활용한 공연, 학교법인 우석학원의 투자(우석대학교, 한국소리문화의전당), <소리킥>으로 시작 시즌3 <태권유랑단 녹두>까지 확장

7) 태권도와 뮤지컬의 협업 〈태권, 날아올라〉

- 제작사: 라이브㈜, ㈜컬쳐홀릭
- 공연장르: 뮤지컬
- 공연기간: 2022~2023년
- 상설공연: 22.6.12~7.3, 23.7.14~8.27
- 공연특성: <마리퀴리>의 제작사 라이브㈜가 제작한 태권도 뮤지컬 공연, 태권도진흥재단의태권도 문화콘텐츠 육성사업 프로젝트, 태권도를 활용한 뮤지컬 장르 도전(전문 배우+태권도 배우)

8) 대학 학과 간 전공 융합프로젝트 〈LET'S〉

- 제작사: 계명대학교
- 공연장르: 뮤지컬

- 공연기간: 2024~2025년
- 공연특성: 계명대학교 태권도학과와 연극뮤지컬과의 전공 융합 공연, 대학혁신지원사업의 일환으로 진행된 글로벌 K-문화콘텐츠 개발사업부의 전공 융합 프로젝트 공연에서 태권도학과 학생들이 주크박스 뮤지컬 형식으로 뮤지컬 장르에 도전

라. 태권도 공연의 문제점

지금까지 대부분의 태권도 공연은 크게 두 분류의 제작 형태로 구분할 수 있다. 첫 번째 형태는 일반 민간 공연단체가 태권도라는 콘텐츠를 활용해서 만든 공연의 형태이며, 두 번째 형태는 태권도인이 주축으로 태권도 또는 인접 분야 콘텐츠를 적절히 활용한 공연 형태이다. 첫 번째 형태의 대표 공연에는 <점프(Jump)>와 <달하>가 있으며, 두 번째 형태의 대표 공연에는 <신화 에피소드>와 <탈(TAL)>, <Great Taekwondo> 등이 있다. 대부분의 태권도 공연이 이 두 가지 형태로 제작되고 있으며, 각각의 태권도 공연은 그에 따른 문제점들을 가지고 있다.

첫 번째 형태의 공연은 제작된 작품에 대한 정체성 문제가 대두되었다. <점프>의 경우 태권도 공연이라고 홍보 마케팅을 실시하였지만, 실상은 태권도 공연이라기보다는 무술을 기반으로 하는 코믹 공연에 가까웠다. 공연 중 태권도가 차지하는 비중은 공연 첫 막과 마지막 막에 단체 무술을 보여주는 태권도의 짤막한 기본동작, 발차기, 품새가 들어

가는 부분이 전부로 이 공연에서 보여주는 태권도의 비중은 홍보 마케팅한 것에 비해 매우 적었다. 또한 염광록(2007)의 선행연구에서 <점프>의 최철기 연출가의 인터뷰 내용을 보면 <점프>가 태권도 공연을 염두에 두고 제작한 공연이 아니라는 것을 알 수 있다. 또한 <달하>도 경기도립무용단 주축으로, 외부 태권도 단체가 공연에 참여하여 제작된 공연으로 태권도를 주 소재로 제작한 공연이기는 하지만 공연의 주요 콘텐츠는 무용이다. 작품 자체는 가능성을 인정받아 지금까지 <태권무무 달하>라는 이름으로 공연을 지속하고 있지만, 실상 태권도 공연이라고 보기에는 어려운 의문이 따른다.

두 번째 형태의 공연은 태권도인이 주축이 되어 제작한 경우로 공연의 예술적 완성도에 대한 문제점이 제기되었다. <신화 태권도 2013 Episode Ⅰ>는 2013년 태권도공원을 배경으로 태권도 정신을 공연화한 작품인데 전문 배우가 아닌 태권도 시범단원의 부족한 연기력과 표현의 한계가 있었다. <신화 에피소드 2>는 발레와 댄스를 접목해 성공한 공연 <비보이를 사랑한 발레리나>에서 착안해 그 당시 댄스 팀과 함께 태권도와 댄스를 접목한 공연으로 제작하였으나, 태권도 시범단원의 날것이라 할 수 있는 연기와 어설프게 따라 하는 춤 동작, 그리고 무대에 대한 이해와 전문성 부족으로 결국 쇼케이스 이후 더 이상 공연되지 못하고 사장되어 버렸다. <탈(TAL)>의 경우 '아리랑 파티'라는 타악과 기타 퍼포먼스를 결합한 공연을 해왔던 최소리와 함께 타악 퍼포먼스와 태권도를 활용한 공연을 만들어 월드 투어 추진 등 야심차게 진행하였으나, 예산 투자 대비 큰 이슈 없이 공연이 종료되었다. <탈(TAL)>은 그전 작품들에 비해 배우 연기 등에서 많은 발전을 이루었고 또한 지속적인 공연 추진으로 처음에 비해 많은 부분이 개선되었으나, '쇼' 이상의 예술성을 보여주지 못하고 마찬가지로 사장되었다. 태권도인이 제작한 태권도 공연은 대부분 태권도의 화려한 결투 장면을 위해 '선과 악'의 대결이라는 진부한 내용으로 스토리텔링의 미약함이 두드러졌고, 태권도 배우의 연기력 부족으로 공연예술로서 예술성이 결여되었다. 그리고 쇼케이스 공연 <TAEKWON ALIVE>는 지금까지 시도되지 않았던 기술들이 시도되어 태권도 공연의 새로운 패러다임을 구축해보려 했지만 결국 예산이 편성되지 않아 실제 공연은 제작되지 못했다.

표 9. 태권도 공연의 문제점 분석

공연 형태	대표공연	문제점
민간 공연제작사 또는 예술 단체 중심	〈점프(Jump)〉, 〈달하〉	• 태권도 공연으로 홍보되었으나 실질적으로 무술 기반 코믹 공연으로, 태권도의 비중이 낮음. • 주요 콘텐츠가 태권도가 아닌 무용이나 다른 요소에 집중됨
두 번째 형태: 태권도인이 주축이 되어 제작	〈신화 에피소드〉, 〈탈(TAL)〉, 〈Great Taekwondo〉, 〈TAEKWON ALIVE〉	• 태권도 시범단원의 부족한 연기력과 표현 한계, 무대 이해와 전문성 부족 • 스토리텔링이 약하며, '선과 악' 대결 구도의 진부함. 예산 부족으로 쇼케이스 이후 공연이 사장되는 경우가 많음

05

유사콘텐츠 사례

가. 태양의 서커스 알레그리아(Alegria)

1) 태양의 서커스 탄생

태양의 서커스는 기 랄리베르테(Guy Laliberte)와 퀘벡 지역의 거리예술가들이 중심이 되어 1984년 창설되었다. 인류의 문명과 생활 속에서 서민과 함께 호흡하며 명맥을 유지한 거리예술은 1968년 독일과 프랑스에서 시작해 유럽 및 미국 전역에 퍼진 68혁명(déferlant de mai 68)을 통해 다시 활기를 되찾았다. 문화 민주주의에 따른 프랑스 문화 정책 방향으로 서커스와 같은 거리예술을 국가적으로 지원 및 장려해 서커스 분야는 많은 발전을 이루었다. 기 랄리베르테는 젊은 시절 1년간 파리와 런던 등지를 돌며 이러한 분위기를 몸에 익혔고, 북미의 대표적 프랑스어권 지역인 퀘벡 고유의 문화적 특색 등 여러 가지가 복합적으로 어우러져 지금의 차별화된 태양의 서커스가 탄생하게 되었다.

태양의 서커스는 '서커스의 재창조'라는 모토와 그들의 혁신적인 정신을 바탕으로 기존의 고전적 서커스 요소를 과감히 버리고 새롭게 재구성해 아트 서커스라 지칭되는 새로운 공연 유형을 창조하였다. 태양의 서커스 전신인 '르 클럽 데 탈론 오(Le Club des talons hauts)'는 1980년 여름 <레 제샤시에르 드 배생 폴(Les Echassiers de Baie-Saint Paul)>을 공연하였다. 성공적인 공연에도 불구하고 그들은 재정적으로 실패하였다. 하지만 공연을 계기로 그들은 서커스에 대한 확신을 가졌고, 1982년에 배생 폴에서 길거리 축제 <라 페트 포랑(La Fete Forain)>을 개최한다. 이를 통해 예술성과 상업성을 인정받아 1984년에 캐나다 창립 450주년 기념 조직 위원회로부터 퀘벡 서커스 발전 기금 3만 달러를 지원받게 되었다. 이에 총 감독 기 랄리베르테는 서커스의 혁신을 위한 기금 사용 계획을 수립하고, 그 일환으로 '태양의 서커스'를 창설하였다. 이후 1985년 퀘벡 주지사인 르네 레베스크(Rene Levesque)는 태양의 서커스를 퀘벡의 대표 문화예술단체로 선정하였고, 주 정부와 연방정부의 기금 160만 달러를 지원해 태양의 서커스가 유랑 극단이 아닌 퀘벡의 독자적 문화예술단체로 만드는데 기반을 마련하였다.

태양의 서커스는 다양한 형태의 세계 서커스 여러 단체를 벤치마킹하였다. 우선 릴리 핑(Lili Ping)의 중국 서커스단의 배경음악과 의상, 안무 등 서커스를 예술적으로 표현한 부분을 참고하였으며, 동물 없이도 서커스를 할 수 있다는 가능성을 엿보았다. 또한 모스크바 서커스(Moscow Circus)의 특징인 스토리가 있는 서커스를 참고하였다. 프랑스 국립 서커스(Cirque Grusse, the National circus of France)를 통해

서는 무대전환 시간을 아트 퍼포먼스로 대체하여 무대전환 시에도 관객들이 집중하도록 하는 부분을 참고하였다. 태양의 서커스 초기 혁신은 연극, 무용, 스포츠 등의 다양한 분야에서의 전문성을 끌어오는 것이었다. 엘리트 운동선수 출신이 다수인 곡예사들을 "예술가로 만드는 과정"(artists devenir)이 필수였고, 공연에 '이야기적 특성'을 강화하기 위해 연극과 무용 분야에 더 많은 공연예술가를 스태프로 영입하였다.

특히, 벨기에 몬스 왕립 음악원(Royal Conservatory of Mons)에서 연극을 전공한 프랑코 드라고네(Franco Dragone)는 태양의 서커스를 더욱 연극적으로 만드는 것을 미션으로 하였다. 그는 코메디아 델라르테(Commedia dell'arte)의 등장인물이 가지는 독특한 매력을 각 작품에 맞게 재창조 및 등장인물들의 표현 방식에 이르기까지 재해석해 도입하였다.

태양의 서커스 성공 이후, 캐나다 '시르크 파라솔(Cirque Parasol)', '시르크 엘루와즈(Cirque Eloize)', '시르크 이오스(Cirque Eos)'와 미국 '시르크 엥지니외(Cirque Ingenieux)', 프랑스 '아르샤오스(Archaos)' 등의 유사 서커스 단체들이 생겨났다.

2) 알레그리아(Alegria)의 성공 요인

<살팀방코(Saltimbanco)>의 차기작으로 캐나다 몬트리올에서 1994년 <알레그리아>가 첫 공연 되었고, 이후 태양의 서커스를 대표하는 순회공연이 되었다. <알레그리아>는 왕, 폭군, 독재자가 가진 권력과

그것이 악용되는 현실에 대한 분노로 시작하여, 그 속에서 희망을 찾으며 끝나는 스토리이다. 지난날의 악몽을 통해 다가올 미래의 가능성을 제시하고, 같은 인간으로서 함께 살아가는 좀 더 나은 삶에 대해 이야기한다.

<알레그리아>에서는 작품 전반을 복고적으로 설정하고 음악도 아코디언 또는 어쿠스틱 악기를 사용함으로써 방랑하는 악단의 소리를 표현했다. 악단은 배우들과 함께 작품 속 존재로서 객석을 통해 무대에 오른다. 그들은 긴박감이 드러나야 하거나 서정적 분위기가 필요한 장면일 경우, 무대 앞 배우 가까이에서 연주하며 공연에 적극적으로 개입한다. 새장을 연상시키는 돔형 무대는 획일적 사회와 그 속의 압박감을 함축적으로 표현하는 상징적인 구조물이다. 조명은 17세기의 무도회장 같은 고풍스러운 분위기를 표현하였으며, 어두운 톤으로 모든 것이 퇴색되어 가는 느낌을 창조했다. 의상은 오래된 세대와 새로운 세대로 구분하였으며, 오래된 세대는 베르사유 궁에서 활보했을 법한 상류사회 의상을 구현하고자 하였고, 새로운 세대는 신소재를 사용해 미래를 이끌 존재를 표현하려 했다.

<알레그리아>는 세계에서 가장 오래된 투어 공연 중 하나로 1994년부터 2018년 기준, 40개국 255개 도시에서 6,600회 이상 공연, 1,400만 명 이상의 관객을 유치하였다.

태양의 서커스 작품 중에서도 가장 성공한 음악으로 평가받는 <알레그리아>의 음악은 빌보드 월드 뮤직 차트에 55주간 랭크되었으며, 1996년 그래미 어워드에 노미네이트되는 등 전 세계적으로 사랑받았다.

태양의 서커스는 꾸준한 공연을 통해 100건 이상의 수상을 기록했으며, 2004년에는 캐나다 정부로부터 '캐나다 훈장(Order of Canada)'을 받아 예술성과 상업성을 동시에 추구하는 캐나다 국가 브랜드로 인정받았다.

① 공연예술 측면

태양의 서커스는 전문예술 스태프와 배우를 위해 많은 투자를 했다. 서커스에 연극적 요소를 추가하기 위해 연극 연출가인 프랑코 드라고네를 영입하였다. 디자인 혁신을 위해 무대 디자이너 미셸 크레드(Michel Crete)를 영입하였고, 그밖에 각 분야의 전문 예술 스태프를 구성하였다. 기존 서커스가 프로그램을 그대로 나열하는 병렬식 구조로 공연을 구성하였다면, 프랑코 드라고네는 연극에서 주로 사용되는 '진행 중 작업(work in progress)' 방식을 도입하여 곡예사와 예술가가 함께 연습을 거듭해 나가는 과정에서 공연을 완성해 나갔다. 프랑코 드라고네는 연습 과정 중 연기자의 몸짓이나 공연에 사용되는 재료로부터 영감을 받아 날것 그대로의 움직임과 그 아름다움을 작품에 그대로 표현하였는데, 1985년부터 1999년 <라 누바>까지 12년 동안 태양의 서커스가 공연한 10개의 작품의 연출을 담당한 드라고네의 역할은 태양의 서커스 주요 성공 요인 중 하나라 할 수 있을 정도로 크다(신정아, 2010).

배우는 운동선수, 곡예사 등의 다양한 국적, 직종을 가리지 않고 실력을 우선으로 배우 오디션을 통해 직접 캐스팅하였다. 선발된 배우는 캐나다 국립 서커스 아카데미에서 12~16주간 훈련을 받았다. 이때 전문적인 배우 교육을 통해 감성을 배우고 동료들과의 신뢰를 쌓는 과정에서 작품 속에 스며들었으며, 신체 언어로 관객의 감성을 흔드는 아티스트로 새로이 변모하게 되었다. 이러한 노력은 항상 최상의 공연이라는 결과로 관객에게 전달되었다.

캐나다 몬트리올의 국립 서커스 학교는 1981년 설립되었다. 졸업생 대부분이 '태양의 서커스', '시르크 엘루와즈' 등 세계적인 공연단체에 취업하는 서커스계의 인재 양성소이다. 캐나다 정부가 인정하는 정식 공교육 과정(중·고등 과정 5년, 전문대 과정 3년)으로 교육 과정의 특징은 서커스의 기술과 예술의 결합이며, 서커스의 기술을 익히고 배우는 기술 수업뿐만 아니라 예술적 표현을 위한 무용과 연기 수업 등이 필수 과정으로 서커스 교육을 통해 단순한 기술이 아닌 예술적 표현을 할 수 있는 전문 배우 및 공연 스태프로 양성한다.

태양의 서커스는 캐나다 최고의 무대 디자이너로 성장한 미셸 크레드를 통해서 <알레그리아>의 최적화된 공연 환경을 구현할 수 있는 '빅탑 시어터'를 디자인해 투어 시 '전용 극장'의 장점을 최대한 활용하였다. 이 과정에서 태양의 서커스 투어의 상징이라고도 할 수 있는 '빅탑'의 이미지를 구축하였다. 무대에서는 당시 서커스의 중요 한 요소이면서도 큰 부담이었던 동물들을 제거해 자연스러운 무대전환을 이루어내었다. 그 대신 동물 유지비용을 무대 디자인 및 서커스 기술과 장비 개발 등에 투자해 관객의 예술적 욕구를 충족시키며 지속적인 관심을 끌어냈다. 또한 도미니크 르뮈에(Dominque Lemieux)는 캐릭터의 개성에 맞는 의상을 제작함으로써 캐릭터에 시각적 생명력을 불어넣었다.

② 공연 차별화 측면

태양의 서커스는 비전통적 장르로 시작하여 예술 장르로 성장하지 못하고 사양 산업으로 접어들었던 기존 서커스의 재창조를 위해 기존의 서커스 공연과는 두드러지는 차별화를 갖길 원했으며, 태양의 서커스가 세계적인 공연 상품으로 발전할 수 있었던 주요 요인은 언어로 의미를 전달하려 하는 공연이 아닌 서사적 이야기를 갖은 비언어극(nonverbal performance)이기 때문이다(김소연, 2018). 태양의 서커스는 화려한 볼거리의 곡예인 서커스가 기반이 되어 펼치는 공연이지만, 연극적인 드라마 요소가 포함된 예술 공연이기도 하다. 이는 관객들에게 감동을 제공하고 공감을 일으키는데, 단순한 움직임 또는 음악만으로는 서사적 요소를 표현해내는 데 한계가 있기에 태양의 서커스는 그들만의 언어인 서퀴시(Cirquish)를 개발하여 서사적 표현을 보완하였다. <알레그리아>는 기본적인 곡예에 충실하면서도, 연극적 요소를 강조한다. 고난도 곡예는 물론 연극적 요소를 이루는 무대, 조명, 의상뿐만 아니라 서사적 스토리 구성을 통해 극적인 스토리를 만들어내면서 공연이 단순 서커스가 아닌 예술작품으로 거듭나게 만들었다. 이런 요소들이 더해지며 표현은 더욱 풍부해지고, 비로소 예술성을 갖춘 서커스로 탄생하였다. 이러한 연극적 요소는 연극 연출가인 프랑코 드라고네를 영입하며 이뤄진 성과였다.

<알레그리아>의 음악은 그동안 태양의 서커스 작품 중 가장 성공적인 것으로 평가받는다. 빌보드 월드 뮤직 차트에 55주간 랭크되었으며, 타이틀곡인 <알레그리아>는 그래미 어워드(Grammy Awards)에 노미네이트되는 등 음악의 퀄리티가 공연의 스토리와 서커스 움직임을 더

욱 설득력 있고 돋보이게 만들었다.

공연 중 서커스 기술은 스토리와 동떨어진 움직임이 아니라 극을 연결하는 중요한 매개로 활용되었는데, 대표적으로 브롱크스(The Bronx)와 올드버드의 갈등을 '파워 트랙(power track)'으로 표현한 것이다. 브롱크스는 무대 위에 X자 형태로 설치된 트램펄린에서 힘이 넘치는 곡예를 선보이고, 이를 통해 올드버드를 희롱하는 연기를 선보였다. 이처럼 서커스 기술은 드라마와 흐름을 맞추며 공연의 집중도와 완성도를 높여 주었다.

③ 지속 가능한 콘텐츠로 지향

태양의 서커스는 스스로 레드오션(Red ocean)에 빠지는 것을 방지하고, 다른 예술 단체들의 모방을 방지하기 위해 '공급 제한 정책'을 운영하고 있다. 공급 제한 정책이란 태양의 서커스의 모든 공연이 복제되지 않도록 하는 원 프로덕션(One Production System) 운영방식을 말한다.

태양의 서커스는 원 프로덕션 시스템을 통해 다른 공연들과 같이 여러 나라에서 동시다발적으로 공연하지 않는다. 이는 최고의 공연을 보여 주기 위한 그들의 전략으로 이런 점을 개선하기 위해 각종 영상물을 온라인으로 제작 및 보급하여 많은 사람이 즐길 수 있도록 하고 있다. 우리는 지금도 쉽게 인터넷을 통해 그들의 이미지와 영상을 즐길 수 있다. 태양의 서커스 대표 투어 공연인 <알레그리아> 역시 같은 시스템으로 운영되고 있다.

1998년 <알레그리아> 공연을 영화화한 작품인 극장판 <알레그리아

(Alegria)>로 영화계의 가능성을 타진한 후 다음 해 1999년 아이맥스 영화 <저니 오브 맨(Journey of Man)>을 제작한다. 최근인 2016년에는 태양의 서커스 월드 어웨이(Cirque du Soleil Worlds Away, 2012)를 개봉하기도 하였다. 태양의 서커스는 단순히 공연을 담은 기록과 보관을 넘어 그들이 처음 블루오션을 찾아 혁신을 시작했듯 새로운 시장을 향해 움직임이고 있다. 최근에는 VR 시장에도 뛰어들어 안방에서도 리얼한 공연 실황을 즐길 수 있도록 실감 콘텐츠를 서비스하고 있다.

표 10. 태양의 서커스 알레그리아(Alegria) 요약(엄주용, 2019)

공연명	알레그리아(Alegria)
제작사	태양의 서커스
공연기간	1994년 ~ 2019년
예술 스태프	연출: 프랑코 드라고네 / CEO: 기 랄리베르테 / 작곡가: 르네 뒤페레 무대 디자이너: 미셸 크레트 / 의상 디자이너: 도미니크 르뮈에
출연진	운동선수, 곡예사 등 실력자 캐스팅 후 배우 훈련을 통해 공연 출연
배우양성	캐나다 국립 서커스 학교 운영
전용극장	월드투어, 빅탑 시어터
무대기술	동물 및 모래 등 기존 요소를 없애고 최신 무대화
공연내용	왕들, 폭군들, 독재자들이 가진 권력과 그것의 악용되는 현실에 대한 분노에서 시작하여, 그 속에서 희망을 찾음
주요 성공 요인	1) 서커스에 드라마적 요소(연극 연출 섭외)를 통해 공연예술화 하였고 2) 캐나다 국립 서커스 아카데미와 같은 전문 배우 양성 시스템 운영을 통해 서커스의 기술을 예술로 승화

나. 아이리시 댄스 리버댄스(River Dance)

1) 리버댄스(River Dance)의 탄생

아일랜드 춤의 초기 역사는 이주와 침략을 통한 인간의 끊임없는 변화를 보여준다. 아일랜드 무용의 초기 역사에서 원형 춤의 흔적은 오늘날의 링 댄스에서 남아 있다. 아일랜드의 전통 댄스가 무엇인지를 정확히 파악하기는 쉽지 않은데, 바이킹 침략기에 많은 기록물이 파괴된 것도 하나의 이유가 되겠지만 결정적인 이유는 아일랜드의 문화를 억압했던 영국 정책에 있다고 할 수 있다. 영국은 1366년 아일랜드 문화를 말살하기 위한 강력한 법을 만들었으며, 이러한 조치는 17세기 말에도 이어졌다. 1935년에 무용 공간에 관한 법 제정 이후 상업적인 댄스가 발전하기 시작했다. 이 시기에는 예전과 달리 가톨릭교회도 도덕적인 이유로 춤을 외면하지 않았고, 결국 현재까지 아일랜드의 춤은 아이리시 문화를 이야기할 때 빠지지 않는 대표 문화로 자리 잡았다.

오늘날 아일랜드 댄스를 세계적으로 알리게 된 <리버댄스>는 아일랜드의 전통 댄스를 계승하고 현대화했다고 평가받고 있다. <리버댄스>의 시작은 TV 프로듀서인 모야 도허티(Moya Doherty)가 남편인 TV 프로듀서 존 맥콜건(John McColgan)의 도움을 받아 1994년 4월 유로비전 노래 콘테스트(The Eurovision Song Contest)의 중간 쉬는 시간에 공연으로 첫 선을 보인 것이었다. 아일랜드 방송사 RTE(Raidió Teilifís Eireann Ireland)는 1993년 모야 도허티에게 1994년에 있을 유로비전 노래 콘테스트 제작을 의뢰하였고, 그녀는 사람의 관심을 끌기 위한 획기적인 아이디어를 고심하다가 아일랜드 전통 음악에 맞춘 탭댄스를 보일 생각을 한다. 이후 마이클 플래틀리(Michael Flately), 얀 버틀러(Jean Butler)가 포함된 아일랜드 탭 댄서들과 안무가 마비스 아스코트(Mavis Ascott), 작곡가 빌 웰런(Bill Whelan), 그리고 감독 존 맥콜건 등이 함께 <리버댄스>를 만들어낸다. 유로비전 노래 콘테스트의 최고 스타는 우승자가 아니라 <리버댄스>라는 말이 나올 정도 7분간의 이 막간 공연은 대성공을 거두었다. 이 짧은 공연은 당시 큰 반향을 일으켰고, 그 성과에 고무된 모야 도허티는 약 50명의 아이리시 탭 댄서들과 120분이 넘도록 관객들을 흥분시키는 최고의 쇼 <리버댄스>를 만들게 되었다.

<리버댄스>는 보통 2막 9장으로 구성되는데 1막은 인간과 자연의 모습을 담아내고 있다. 이 속에서 자연은 인간뿐만 아니라 물, 불, 나무, 돌 등 모든 생물, 무생물이 조화를 이룬다. 그리고 인간은 이러한 자연을 바탕으로 살고 있으며 자신의 삶의 터전을 고향이라고 부르며 뿌리를 내린다. 홀로 춤을 추는 강의 여인에서 시작해 세계를 흘러간 물줄기가 마침내 바다로 도달하는 과정을 솔리스트와 30여 명의 댄서가 번갈아가며 춤을 통해 형상화한다. 이는 대자연의 순환을 보여주는 것이다. 2막에서는 슬라브, 아프리칸-아메리칸 댄스 등 다양한 민족의 댄스가 공연된다.

2) 아이리시 댄스의 성공 요인

<리버댄스>는 미국으로의 진출을 시도하며, 1996년 미국 라디오 시티 뮤직홀(Radio City Music Hall)에서 첫 공연을 가졌다. 그들이 기대한 바와 같이 5,854석이 매진되며 흥행에 성공하였다. 이어지는 1997년과 1998년에 공연에서도 전회 매진을 기록하였다. 1997년 발매된 18곡의 <리버댄스 OST>는 그해 그래미 어워드에서 '올해 베스트 뮤지컬 앨범'으로 선정되었으며, 약 300만 장 이상의 판매고를 올렸다. 이후 브로드웨이 거쉬인 극장(Gershwin Theatre)에서 2000년 3월 첫 쇼케이스를 가지고 3월 16일부터 약 1년 동안 장기 공연을 시작했다. 이후에도 <리버댄스>는 댄서 숫자를 늘리고 투어를 위한 팀을 결성하여 세계 시장으로 나아갔다. <리버댄스>는 2017년 기준, 11,000회 공연, 2,500만 명의 관객을 유치하였다. 아일랜드 메리 매컬리스(Mary McAleese) 대통령이 <리버댄스>를 아일랜드 자랑이자 문화외교관이라고 극찬한 것은 예술성과 상업성을 고루 갖추었기 때문이다. 이후, <리버댄스>는 아일랜드의 국가 브랜드 공연이 되었다.

<리버댄스>의 성공은 이후 <로드 오브 더 댄스(Lord of the Dance)>를 만들었고 또한, <스피릿 오브 댄스>(Spirit of Dance)와 <갤포스 댄스>(Gaelforce Dance) 등의 대형 아이리시 댄스 그룹이 <리버댄스>의 뒤를 이었다.

① 공연예술 측면

<리버댄스>는 총 18개의 에피소드로 구성되어 있고, 장마다 작곡가

빌 웰런(Bill Whelan)이 주제에 맞게 작곡한 음악이 라이브로 연주된다. 이 <리버댄스>의 OST는 1997년 그래미 어워드에서 '올해의 베스트 뮤지컬 앨범'을 수상하는 등 공연에 큰 영향을 미쳤다. 공연의 핵심인 아이리시 댄스의 댄서들은 현란한 발 스텝을 사용하지만, 전체적으로 보면 단순한 움직임으로 매우 강렬한 에너지를 발산하고 있다. 그들이 단체로 스텝을 맞춰 무대로 등장할 때 관객들은 그들이 몰고 오는 에너지에 압도되어 전율이 흐른다. 이와 같은 연출을 위해 발 스텝으로 기네스북에 오른 마이클 플래틀리와 얀 버틀러 등 공연을 성공으로 이끌기 위해 최고의 배우를 섭외하였다. 또한 모야 도허티는 수석 무용가 역할을 마이클 플래틀리에게 맡겼는데, 그는 미국인이지만 <리버댄스> 창작에 핵심적인 역할을 맡았다. 이는 전통적인 공연의 경계를 넘어서 아일랜드 전통문화를 새롭게 해석하며, 정체성과 흥행성을 높이는 데 중요한 역할을 한 것으로 평가받았다.

아일랜드 탭댄스의 해외 진출 통로가 되는 댄스 경연 대회는 전문 직업인이 되려고 하는 무용수들에게 경력 개발을 위한 최고의 장이다. 특히 <리버댄스>의 인기로 인해 민간 댄스학교가 늘어남으로써 유망한 인재 발굴과 양성에도 기여하였다. 이렇게 훌륭한 춤 기술을 갖춘 인재들이 댄스학교에서 배출되기 때문에 <리버댄스>는 최고의 배우들을 쉽게 구할 수 있게 되었다.

매년 전 세계 순회공연을 마치고 나면 더블린 Gaiety Theater에서 상설 공연을 진행한다. 거의 매년 순회공연을 진행하기에 전용 극장에서 매일 같이 공연하지는 않지만 그렇기에 작품의 가치는 더 높아지기도 한다.

② 공연 차별화 측면

<리버댄스>는 아이리시 댄스를 주요 콘텐츠로 하는 넌버벌 퍼포먼스의 형식을 띤다. 공연은 한 번에 수십 명이 무대에 올라 통일된 군무와 다양한 대형 변화를 완벽히 소화해 감동을 끌어내며, 연결 고리에 적절한 무대 사용(영상 또는 연주 및 노래 등)으로 무대 위를 꽉 채웠다. 여자 군무는 여성성을, 남자 군무는 남성성을 강조하였으며, 남녀가 함께 하는 군무, 단독 군무 등 연출에 따라 보여주는 다양한 군무는 보는 이로 하여금 지루하지 않게 만들었다. 이처럼 단순하지만 강렬한 에너지를 발산하는 아이리시 댄스의 기술이 무대에서 아름답게 표현되도록 하는 무대 연출 및 구성이 <리버댄스>를 성공하게 만든 주요 요인이라고 할 수 있다. 공연은 비록 완벽한 드라마로 연결되는 형태는 아니지만 <리버댄스>는 본인들의 장점을 극대화하며 작품의 완성도를 높였다. 공연은 전통적 연극의 형태라기보다는 보드빌 엔터테인먼트나 혹은 록 콘서트와 같은 형태로 진행되며, 노래와 무용, 악기의 혼합으로 이루어진다. 이처럼 아일랜드 전통춤, 음악과 전 세계 보편적인 다문화 요소의 조화가 주요 성공 원인이 되었다.

동유럽 리듬(특히 불가리아)에 크게 영향을 받은 작곡가 빌 웰런은 일반적인 여덟 마디의 아이리시 전통 음악으로부터 벗어나고자 했다. 유리안 파이프(uilleann pipies) 및 보드란(bodhran)과 같은 아일랜드 전통 음악가들이 연주하는 악기들은 바이올린과 버튼 아코디언, 휘슬과 같은 핵심적 악기와 같이 중시되었다. <리버댄스> 음악의 이러한 특징들은 단지 전통과 현대만이 아닌 글로벌 전통의 다문화성을 함께 반영

하는 것이라 할 수 있다. 그리고 이러한 음악은 전 세계인의 사랑을 받아 1997년 그래미 어워드에서 최우수 뮤지컬 쇼 앨범상을 수상하기도 하였다.

<리버댄스>의 움직임은 단순한 스텝이지만 이를 통해 역동적인 에너지를 발산하여 관객들이 강렬한 이미지를 느끼게 만든다. 이는 아일랜드의 전통과 보편적 다문화 요소를 더욱 조화롭게 해 주며, 음악을 포함한 무대 기술을 통해 현대의 무대예술로 성공을 거두게 되었다.

③ 지속 가능한 콘텐츠로 지향

아일랜드 탭댄스의 해외 진출 통로가 되는 댄스 경연 대회는 전문 직업인이 되려고 하는 무용수들에게 경력 개발을 위한 최고의 장이며. 아일랜드에 있는 민간 댄스학교 운영을 통해 유망한 인재 발굴과 양성에도 기여하고 있다. 매년 전 세계 순회공연을 마치고 나면 더블린 Gaiety Theater에서 상설 공연을 진행하는 것도 아일랜드의 대표 문화상품으로서 지속 가능한 콘텐츠가 되기 위한 노력의 일환이다. <리버댄스>는 문화 분야에서 혁신과 기업가정신의 잠재성을 깨우는 기회를 제공하였다. 이는 어떻게 하면 문화가 새로운 상업적 비즈니스로 기회를 얻을 수 있으며, 어떻게 하면 창의성이 혁신으로 변화되어, 결국은 성공적인 사업으로 구축될 수 있는지를 구체적으로 보여준 사례이다. 더 나아가 <리버댄스>의 성공은 문화재처럼 여기며 보호하고 훼손하지 않으며 보존하는 데 의미를 두던 전통문화를, 창의적인 아이디어와 혁신적인 활동을 통해 전통문화의 새로운 지평을 발견하고 문화산업으로 변화시킨 모범 사례로 평가할 수 있다.

표 11. 리버댄스(River Dance) 요약(엄주용, 2019)

공연명	리버댄스(River Dance)
제작사	리버댄스
공연기간	1994년~2019년
예술 스태프	작곡: 빌 웰런 / 연출: 존 맥콜건 / 제작: 모야 도허티 / 안무: 마이클 플래틀리
출연진	아이리시 댄서 등
배우양성	민간 댄스 학교 설립 및 운영
전용극장	월드투어, 아일랜드 더블린 극장
무대기술	전통 아이리시 댄스 기술에 라이브 음악, 조명, 영상 등 무대 기술 활용
공연내용	홀로 춤추는 강의 여인에서 시작해 세계를 흘러간 물줄기가 마침내 바다에 도달하는 과정을 춤으로 형상화함. 대자연의 순환을 보여주는 것이기도 하지만 전 세계에 뿔뿔이 흩어진 아일랜드 민족의 이야기를 상징하기도 함.
주요 성공 요인	1) 단순한데 매우 강렬한 에너지를 발산하는 것(단순한 스텝만을 가지고) 2) 전통 콘텐츠인 아이리시 댄스 '기술'을 좋은 작곡과 라이브 연주, 조명 등 무대 기술을 활용

다. 점프(Jump)

1) 점프(Jump)의 탄생

넌버벌 퍼포먼스 <점프>는 1999년 최초 기획되어 2002년 국립극장에서 초연되었다. 무술의 극한을 보여주기 위해 아크로바틱(Acrobatic)

기술을 무술에 접목해 익스트림 마샬아츠(Extreme Martial-Art)라는 새로운 소재를 개발하였으며, 이를 넌버벌 퍼포먼스로 형태로 제작해 세계시장을 겨냥하였다. 또한 온 가족이 함께 공감할 수 있는 가족 이야기로, 모두가 즐길 수 있는 코미디 부분을 강조하였다. 이렇게 코믹 무술 퍼포먼스라는 공연 콘셉트로 무술 가족 집안에 도둑이 들어 벌어지는 에피소드를 <별난가족>이라는 이름으로 공연하였다. 이후 피드백을 통해 스토리 라인을 대폭 강화하며 캐릭터를 명확히 하고, 무술 기술을 선명히 하였으며, 코미디 요소를 더욱 강화하는 등 전 세계인이 함께 공감할 수 있는 공연이 될 수 있도록 정비하였다. 또한 세계시장 진출을 고려하여 공연명도 <점프>로 변경되었다.

초기 기획 단계부터 공연에 이르기까지 약 3년이라는 시간이 걸렸는데, 이는 배우가 공중 동작과 체조 동작, 무술 동작 등을 완벽하게 익히기 위한 훈련 시간이 필요했기 때문이다. 또한, 장기적으로는 국내 및 세계시장 진출을 염두에 둔 공연기획으로 세계 어느 곳에서 공연해도 부족하지 않을 정도의 완성도를 갖추기 위함이었다. 제작 과정에서 한국을 알릴 수 있는 소재로서 태권도를 선택하였고, 의상도 한국 전통의상을 세계적인 의상 트렌드에 맞게 현대화하여, 공연을 통해 대한민국을 함께 알리고, 그것을 긍정적 이미지로 관객에게 인식시키고자 하였다. <점프>는 배우들의 무술 동작과 격렬한 공중 동작 등 강인한 퍼포먼스에 누구나 이해할 수 있는 스토리가 적절히 조화를 이루며 마샬아츠(Martial-Arts) 퍼포먼스라는 새로운 장르의 지평을 열었다.

2) 점프(Jump)의 성공 요인

<점프>가 본격적으로 흥행에 성공한 건 2003년 시점이다. 물론 초기에는 인지도가 낮아 인지도 향상이라는 목표에 제작사의 모든 역량이 집중되었다. 세계시장을 목표로 기획, 제작된 만큼 2005년 이스라엘을 시작으로 영국 에든버러 페스티벌과 중국 등에서 공연하며, 세계적으로 호응을 얻기 시작했다. 이후, 세계 각국으로 공연이 이루어지면서 해외 시장에서 인지도를 점차 넓혀갔다. 또한 이러한 이슈를 각종 매체를 통한 홍보로 국내 관객들에게도 자연스럽게 어필하는 효과도 가져 왔다. <점프>는 2005년 에든버러 프린지 페스티벌에서 박스 오피스 1위를 기록해 세계 공연 프로모터들의 관심으로 더 큰 무대로의 진출 발판을 마련하였고, 2006년 에든버러 프린지 페스티벌에서 코미디 장르 최우수 작품상과 판매상을 받으며 성공적인 결과를 얻었다. 다음 해인 2007년 2월 영국 웨스트엔드에서 3개월간 장기 공연을 성공적으로 운영했고, 그해 9월에는 오프브로드웨이 유니언 스퀘어 극장에서 공연하였다.

2007년에는 한국무역협회 100만 달러 수출탑상을 받고, 2009년에는 대한민국 문화브랜드 특별상, 2010년에는 최우수 도시 관광 프로그램 부분에 선정되었다. <점프>는 2002년 초연 이후 2017년까지 12,000회 공연, 6백만 명 이상 공연 관람 등 넌버벌 퍼포먼스의 효시인 <난타>에 이어 대한민국을 대표하는 문화상품으로 성장하였다.

① 공연예술 측면

<점프>의 연출자는 공연 성공에 큰 영향을 미쳤다. 국내 넌버벌 퍼포

먼스 효시 작품인 PMC 프로덕션의 <난타> 연출자인 최철기 연출이 <점프>의 총연출을 맡았기 때문이다. 국내 및 해외에서도 흥행에 성공한 최철기 연출이 <점프> 제작에 합류한다는 이슈는 각종 언론의 관심을 유발하였고, 또한 <난타>를 통해 넌버벌 퍼포먼스의 매력을 느꼈던 관객들이 재구매 의사를 갖도록 하는 계기를 만들었다.

<점프>는 고난도 공중 동작과 격렬한 무술 동작 등이 안무의 대부분을 차지하는 공연 특성에 의해 배우기가 어렵고, 부상 가능성도 높았다. 이에 오디션을 통해 선발된 배우는 제작사가 마련한 배우 양성 프로그램을 통해 오랜 기간 트레이닝받았다. 연기 전공자는 무술과 공중 동작 등을 배우고, 기계체조 선수 및 무술 전공자는 기초연기 등을 오랜 시간 교육받았으며, 이렇게 트레이닝을 통해 무대에 오른 배우들은 일반 연극, 뮤지컬 배우에게는 없는 차별화된 능력을 갖추게 되었고, 이는 일반 배우들과 명확한 차별성을 갖게 되었다.

<점프>가 장기 공연이 가능했던 핵심 요인은 국내 최초 배우 교육원인 '점프 트레이닝센터(Jump Training Center)'의 설치와 운영에 있다. 일본 뮤지컬 전문극단 '사계'의 트레이닝센터를 벤치마킹해 만든 이 센터는 오디션을 통과한 배우들에게 발성, 호흡 등 연기 기초를 시작으로 공연에 필요한 안무와 마샬아츠 동작들까지, 각 분야 전문 강사의 교육을 통해 배우를 양성하였다. 배우 양성 프로그램은 드라마를 위한 연기와 안무 및 고난도의 체조 동작 및 마샬아츠 동작 수련, 피지컬 트레이닝, 재활법 교육, 공연 모니터링 등으로 진행된다. 점프 트레이닝센터는 무대 인프라와 각종 대·소도구, 음향 등 모든 조건을 실제 공연장과 유사하게 구성해 배우들이 실제 무대와 같은 공간에서 연습할 수 있는 환

경을 구축했다.

전용 극장은 장기 공연이 가능하다는 것과 안정적인 티켓 정책의 수립이 가능하다는 것이 장점이다. 또한 스태프와 장비 등 기초 인프라가 구축되어 비용 부담을 줄임으로써 관객의 티켓 가격에 대한 부담도 줄어들 수 있다. 전용 극장은 안정적 마케팅 환경을 보장함과 동시에 관객 개발 및 작품 발전 등에 기여할 수 있다. 2010년 서울의 종로와 부산의 서면에 위치한 점프 전용 극장도 위의 장점을 실현하기 위해 만들어진 공연장이다. 전용 극장에서의 공연은 지속적 마케팅과 홍보를 가능하게 함과 동시에 주변의 관광지와 연계할 수 있다는 장점이 관객에게 긍정적으로 인식되어 공연 흥행 성공에 긍정적인 영향을 주었다.

공연에서 한국적 이미지를 강조하기 위한 무대 구상 또한 흥행 성공에 긍정적인 영향을 주었다. 무대는 한국적 요소를 느낄 수 있도록 기와를 소재로 하였는데, 국내 관객은 물론이고, 외국 관광객 대부분이 기와를 통해 한국을 연상할 수 있기 때문에 한국 이미지를 더 쉽게 각인시킬 수 있었다. 무대의 각종 대·소도구 또한 한국적 색채를 담은 전통 고가구를 사용하였고, 무대의 출입문과 창문 또한 한국적 이미지를 구체화하여 무대화했다.

② 공연 차별화 측면

<점프>는 제작 초기 단계서부터 세계시장을 겨냥하여 제작에 심혈을 기울였다. 가장 먼저 언어 문제를 극복하기 위해 넌버벌 퍼포먼스로 공연을 기획해 배우의 몸짓과 표정 등으로 극을 진행하였다. 또한, 배우가

의도를 전달하는 방법이 제한되었기 때문에, 공연 스토리는 자연스럽게 단순해지고, 이는 관객 범위가 넓어지는 효과를 가져 왔다.

공연 초기에는 한국에서는 웃음을 유발했지만, 해외 관객들에게는 문화적으로 이해되지 않아 웃음을 유발하지 못한 드라마가 일부 있었다. 해외 공연 시 문화적 차이로 인한 문제를 없애고, 넌버벌 퍼포먼스의 부정확한 의사 표현을 개선할 수 있는 고민을 해결하기 위해 세계적인 코미디 디렉터 로버트 듀 플레시스(Robert Du Plessis)의 감수를 통해 공연 전반을 보강하였다. 감수 이후 드라마가 다듬어지며 스토리는 더욱더 간결해졌고, 영국, 미국, 동남아 등 각기 다른 문화 실정에 맞도록 공연을 계획하며 극 연출의 다변화를 이루어내었다. 2006년에는 지난 2000년 에든버러 페스티벌에서 히트했던 <666> 등 다수의 코미디극 연출을 맡은 바 있는 스페인 출신 데이비드 오튼(David Ottone)을 초청해 약 30일간 공연을 한층 더 업그레이드하여 해외 공연 및 국내 장기 공연을 진행하였다. 이 시기에 작품의 질적 발전 극대화를 이루었는데, 관객 이해를 위한 음향효과를 현실감 있고, 익살스럽게 변화시켜 자칫 지루할 수 있는 부분에서도 웃음을 끌어내도록 했다. 또한 2007년 <점프> 뉴욕 버전은 캐나다 코미디 연출가 짐 밀란(Jim milan)에 의해 최종 수정되었다. 전 세계 많은 이들이 모이는 뉴욕 브로드웨이 공연의 성공을 위해 문화적 차이에 의한 문제가 생기지 않도록 많은 부분이 수정되었으며, 이는 2007년 말부터 2009년 초까지 350회에 가까운 공연 중 130회 가량의 공연이 매진되고, 약 100,000명의 관객 동원을 기록하는 등 현지에서 안정적 공연 운영 결과를 가져 왔다.

음악은 공연을 본 관객에게 쉽게 기억되어 공연이 각인되는데 충분한 역할을 했다. <점프>의 음악은 영화 <태극기 휘날리며>와 <쉬리> 등으로 잘 알려진 이동준 음악감독이 작곡하였다. 이동준은 공연 초기 기획 당시 무대 이미지와 공연 소재, 배우 움직임 등을 관찰한 후, 음악에서 한국적 이미지를 느낄 수 있도록 음악을 작곡했다. 이러한 <점프>의 한국적 음악은 무술을 기반으로 한 배우들의 화려한 퍼포먼스, 한국의 기와 모습을 형상화한 무대 등과 절묘하고 조화되어 공연에 색다른 볼거리를 제공했다.

<점프>는 공연에서는 다소 생소한 무술이라는 소재로 공연의 독창성 및 실험성을 높게 평가받았다. 일반적인 공연에서는 볼 수 없는 화려하고 멋진 퍼포먼스에 유머 넘치는 코믹 드라마가 함께 어우러져 단순히 화려함으로만 승부하는 것이 아니라 연극적인 요소까지 포함되어 있어 <점프>만의 차별화에 성공하였다.

③ 지속 가능한 콘텐츠로 지향

공연예술에서는 일반적으로 상품이 공연 그 자체이므로 매출을 극대화하기 위해 국내 지방 공연과 해외 투어를 시행한다. <점프>의 국내 지방 공연 유치는 2007년 이후 안정적으로 운영되었다. 이는 브로드웨이 공연 효과가 크다고 할 수 있다. 2007년 뉴욕 브로드웨이 공연 중 영화배우 안젤리나 졸리(Angelina Jolie)와 브래드 피트(Brad Pitt) 부부가 자녀들과 함께 관람한 것이 미국 신문과 국내 각종 언론매체에 보도되며, 국내 지방에서 관심을 보이기 시작했다. 이후 지방 대도시에서 지역 공연기획사에 <점프> 공연 유치를 제안해 초청 형태로 공연을 진행하였으며, 중·소도시에서는 지역 문화예술 회관이 기획공연으로 <점프>를 초청함으로써, 2008년도에 32개 지역에서 총 136회 공연되었고, 2009년도에는 그보다 18% 증가한 38개 지역에서 총 166회 공연이 진행되었다.

해외 공연의 경우 공연 유통 전문 단체와 에이전시 관계를 구축하여 운영하였다. 2005년 초 활발히 해외 공연이 진행될 당시, 국내 공연과는 계약, 세트의 운송 및 통관과 인력 운용 등에 많은 차이가 있었고, 이에 따라 발생하게 되는 행정 소요가 컸기 때문에 전문 단체의 도움이 절실하였다. 이성모(2010)는 이러한 전문 단체와 에이전시 구축을 통해 각국에 <점프> 공연 수요를 늘려감과 동시에 해외 업체와의 업무 간 연락과 계약 등을 전담 진행하였으며, 전 세계에 <점프> 홍보 및 제안 역할을 충실히 진행함으로써, 에이전시 관계를 형성한 2007년 이후 매년 평균 20여 개국 평균 200회에 이르는 공연을 유치하였다고 평가했다.

표 12. 점프(Jump) 요약(엄주용, 2019)

공연명	점프(Jump)
제작사	예감
공연기간	2002년~2019년
예술스태프	연출: 최철기 / 제작: 김경훈 / 음악감독: 이동준
출연진	일반배우는 캐스팅 후 무술 등을 전문으로 트레이닝 하였으며, 체조 전공자, 무술 유단자 등 캐스팅 후 연기 트레이닝을 통해 공연 출연
배우양성	배우교육원 운영(점프 트레이닝센터)

전용극장	서울, 부산, 제주 점프 전용 극장
무대기술	한국의 미 강조(무대 이미지–기와 사용, 전통 음악 등)
공연내용	할아버지부터 아버지, 어머니, 삼촌, 딸, 안경에 비밀을 가진 손님. 그리고 이들의 집에 들어선 도둑까지, 일상 행동 하나하나가 모두 범상치 않은 별난 가족의 별난 이야기
주요성공 요인	1) 전 세계 보편적 웃음 코드 개발을 위한 코미디 디렉터 섭외로 세계화에 성공하였고 2) 점프트레이닝센터를 통해 전문 배우양성 시스템을 운영하고 팀 탁터 운영을 통해 장기 공연을 위한 안정적인 시스템 마련

06

태권도 공연 사례

가. 탈(TAL)

1) 공연 개요

대한태권도협회가 제작주체로 제작된 탈(TAL)은 2010년~2015년의 기간 동안 국내·외 무대에서 공연을 선보였다. 탈(TAL) 공연은 절대 힘을 가진 탈을 두고 태권도 마스터 춘풍의 두 제자인 테라와 마스의 결투와 화합의 내용을 담고 있다. 탈(TAL) 공연의 특징은 태권도와 타악, 현대무용, 비보이의 조합으로 이루어진 공연으로 정부 예산 지원 받아 통해 35개국 50여 개 이상의 도시에서 공연을 하였다. 공연의 세부 내용은 <표 13>과 같다.

표 13. 탈(TAL) 요약

공연명	탈(TAL)
제작사	대한태권도협회
공연기간	2013. 01. 25 ~ 03. 24 / 2014. 06. 28 ~ 08. 31 / 2015.
출연진	대한태권도협회 태권도 시범·공연단 등

공연내용	**절대 힘을 가진 탈을 두고, 테라와 마스가 결투를 벌이는 이야기** 기: 정신 수양, 탈 등장과 의식, 마스의 탈취, 여신들의 미로, 마스의 변화 승: 테라의 등장, 테라와 마스의 대립, 불의 여신의 등장과 마스의 타락, 그림자, 꽃신의 치유, 여신들의 비권 전수 전: 탈의 능력 과시, 테라와 마스의 대립 및 자존심 대결, 일대일 격투, 테라의 굴욕과 치유, 극복, 춘풍과 여신의 기내림, 춘풍의 가르침, 마음의 눈을 뜸 결: 마음의 눈을 뜬 테라와 마스의 재대결, 탈의 회수, 태권 정신의 수양
공연특징	태권도와 타악, 현대무용, 비보이의 조합으로 이루어진 공연 정부의 예산 지원을 통해 35개국 50개 이상의 도시에서 공연

2) 제작 과정

<탈>은 타악 솔리스트 최소리와 대한태권도협회 태권도 시범·공연단이 만든 공연으로 '최소리&아리랑파티'는 대한태권도협회와 2009년 4월 국가 브랜드 육성을 위한 태권도 공연 사업 MOU를 체결하였다. 당시 <아리랑 파티>는 타악, 무술(태권도), 현대무용, 한국무용, 비보이 조합의 넌버벌 퍼포먼스로 에든버러 페스티벌에도 참가하는 등 두각을 나타내고 있었기 때문에 MOU 체결은 태권도 공연을 국가 브랜드화 하겠다는 의지가 담겨있는 시도였다.

처음에는 <태권 12지신>이라는 제목으로 공연을 제작하려 하였으며, 기존 태권도 시범에 일부 퍼포먼스 추가로 변화를 꾀하였다. 그 당시 태권도 시범의 문제점이었던 등·퇴장 시간에 무대 빔을 태권도 퍼포먼스 등으로 채우려 했던 시도가 지금은 태권도 시범의 기본 틀이 되기도 하였다.

약 1년간의 준비 끝에 2010년 9월 3일 대한태권도협회 주관 대회인

'코리아오픈' 개막 및 '태권도의 날'을 맞아 <탈-태권십이지신> 쇼케이스가 열렸다. 당시 44개국 약 1,500명이 보는 가운데서 공연을 하였으나, 완성도가 떨어져 당시 큰 우려를 낳기도 하였다. 이후 공연을 재정비하여 같은 해 9월 말과 10월 초 <탈-태권십이지신>으로 월드 투어(미국)를 시작했다. 미국에서의 긍정적인 반응과 당시 대한태권도협회 회장이었던 국회의원 출신 홍준표 회장의 노력으로 문화체육관광부로부터 15억을 지원받아 2011년 5월부터 전 세계를 대상으로 월드 투어를 시작했다. 이는 2015년까지 진행되었고 그것과 함께 국내 상설 공연도 추진하였다. 2012년 11월 올림픽 공원 'K-아트홀' 개관 축하 공연을 시작으로 2013년(1월~3월), 2014년(6월~8월) 상설 공연을 진행하였다. 2015년까지 월드 투어를 마치고 계약이 종료되며 <탈(TAL)> 공연은 마무리되었다.

3) 작품의 평가

<탈>은 한 작품을 오랫동안 공연하면서 지속해서 수정·보완이 이루어지고, 다른 콘텐츠와의 적절한 협업으로 다양한 볼거리를 제공한 공연이라고 평가할 수 있다. 다만, 배우의 표현력이 일반 배우들과 비교하여 평면적이고, 공연의 스토리가 진부하였으며, 화려한 태권도 기술의 반복으로 극한 기술에 대한 감동이 반감되고, 태권도의 역동성이 잘 표현되지 못했다.

곽택용(2020)은 "탈은 태권도와 비보이, 무용 및 타악, 이 네 가지의 다른 성격의 한국적인 이미지를 하나의 테마에 맞추어 공연을 이끌어

가기 위해서 탄탄한 스토리 구성과 전문 분야 공연자들의 연기력이 바탕을 이루어야 한다. 위 네 가지의 한국적인 이미지를 어떻게 조화시키고 대사 없이 몸짓만으로 전 세계인의 공감을 살 수 있는 이야기를 만들어야 하는 숙제와 여러 가지 가능성을 고민해 나갈 때 태권도 공연은 더욱 빛날 수 있다"라고 하였다.

나. 킥스(Kick's)

1) 공연 개요

태권도진흥재단의 3년간 공연 콘텐츠 예산으로 대한태권도협회와 Kicks 컴퍼니가 제작하여 2016년~2018년의 기간 동안 국내의 각 지역에서 공연을 선보였다. 킥스(Kick's)는 3년간 시즌1, 시즌2, 시즌3으로 공연을 조금씩 차별화하려고 노력하였다. 킥스(Kick's)의 각 시즌별 공연 내용을 살펴보면 시즌 1은 태권도를 말살시키고자 나타난 O.D 나우캇에 맞서는 킥스 5인방과 나우캇의 한판 승부 이야기, 시즌 2는 세계 정복이 목적인 O.D 나우캇에 맞서는 킥켄과 토네이도, 유나가 세계를 구한다는 내용의 이야기, 시즌 3는 태권 스쿨에 입학한 평범한 소년 케이의 태권 스쿨 졸업생이 되는 과정의 이야기를 다루고 있다. 킥스(Kick's) 공연의 특징으로는 태권도 공연에서 시도되지 않았었던 홀로그램, 트램펄린 등 화려한 볼거리를 제공하였고, 정부의 예산 지원을 통해 상설 공연을 진행하였다. 공연의 세부 내용은 <표 14>와 같다.

표 14. 킥스(Kick's) 요약

공연명	킥스 1	킥스 2	킥스 3
제작사	대한태권도협회		
공연기간	2016. 05. 01.~10. 29	2017. 04 .20.~08. 26	2018. 01. 12.~02. 25
출연진	한국체대 태권도 시범단	대한태권도협회 태권도 시범·공연단	
공연내용	태권도를 말살시키고자 나타난 O.D 나우캇에 맞서는 킥스 5인방과 나우캇의 한판 대결 이야기	세계 정복이 목적인 O.D 나우캇에 맞서는 킥켄과 토네이도, 유나가 세계를 구한다는 내용의 이야기	태권 스쿨에 입학한 평범한 소년 케이의 태권 스쿨 졸업생이 되는 과정의 이야기
공연특징	홀로그램, 트램펄린 등 화려한 볼거리 제공 정부의 예산 지원을 통해 상설공연 진행		

2) 제작 과정

2015년 3월 태권도진흥재단에서 실시한 '태권도 소재 콘텐츠 제작·공연 공모'를 통해 ㈜KBSN이 선정되어 <킥스>를 제작하게 된다. <킥스> 제작진은 쇼케이스 때 함께한 한국체육대학교 태권도 시범단과 공연을 제작하였으며, 후에는 대한태권도협회에서 주최하는 방식으로 <킥스> 제작을 추진하였다. <킥스> 시즌 1은 2016년 5월부터 10월까지 태권도 전용 공연장인 K-아트홀에서 상설로 공연되었으며, 공연은 대학생들이 주축으로 퍼포먼스와 격파 등의 잦은 실수와 연기력 부족에 따라 공연 초반에는 혹평을 받았으나, 장기 상설공연 동안 많이 가다듬어지며 공연 가능성을 보였다. 기존 태권도 공연들과 차별화된 부분은 공연예술의 첨단 기술을 활용(홀로그램, 프로젝션 맵핑 등)해 화려함을 극대화했다는 데 있다.

2017년(4월~8월)에는 문화체육관광부 국민체육 진흥 기금 지원을 받아 <킥스 시즌 2>를 제작하였다. 새로운 시즌에는 前 서울시 뮤지컬단 안무 감독인 오재익을 연출로 초빙해 태권도 퍼포먼스 중심인 공연에 안정성을 더하고, 트램펄린을 활용한 다양한 퍼포먼스를 준비해 시즌 1보다 더욱 화려한 볼거리를 제공하고 퍼포먼스 및 연기 동선 구성에 안정화를 꾀했다. 하지만 기존 시즌 1과는 또 다른 배우들(대한태권도협회 국가대표 태권도 시범공연단원)의 출연으로 작품이 안정화되는 데 시간이 많이 필요했으며, 여전히 스토리 빈약과 태권도 배우들의 연기력 부족 등 전문 공연장에서 진행하는 유료 공연이라고 하기에는 많은 아쉬움을 남긴 공연이었다.

2018년(1월~2월)에도 정부의 지원으로 <킥스 시즌 3>를 제작하였다. 이번 시즌에는 뮤지컬 <인터뷰>, <은밀하게 위대하게> 등의 안무 감독을 맡았던 김병진이 연출로 참가하였다. 시즌 2에서 활동했던 단원들이 계속 작품을 이어나가 배우의 연기력이나 스토리를 풀어나가는데 더욱 설득력을 갖춰나갔다. <킥스 시즌 3>에서 가장 달라진 점은 '스토리'로 지난 시즌까지는 악당과 싸우는 대결 구도의 이야기였다면, 이번 시즌은 태권스쿨을 배경으로 수련을 통하여 스스로 성장하고 태권도 정신을 기르는 이야기 전개로 새롭게 바뀌었다.

3) 작품의 평가

<킥스>는 다른 장르와 협업 없이 제작된 태권도 공연인 점에 의미

가 있다. 특히, 단순히 홀로그램 영상을 배경으로 사용하는 데 그치지 않고 배우들의 움직임에 따라 홀로그램이 반응하게 하는 CT(Culture Technology) 기술을 적극적으로 활용하였다. 킥스(Kick's) 시리즈는 태권도와 첨단 영상기술을 접목한 새로운 시도라는 점이 긍정적으로 평가되었다. 하지만 이 공연은 공연예술로서 수준이 떨어진다는 문제점이 지적되었다. 이는 대표적으로 화려한 액션에 비해 빈약한 스토리 구조와 태권도 배우의 부족한 연기력 평가 등에 기인한다. 이러한 점은 태권도 공연의 공통적인 문제점이라고 할 수 있다. 결론적으로 이에 대한 근본적인 문제 해결의 노력 없이 시도된 지속적인 공연 시리즈 제작은 오히려 태권도 공연의 부정적 이미지를 구축하는 결과를 초래하게 되었다.

다. 위대한 태권도(Great Taekwondo)

1) 공연 개요

국기원이 제작 주체가 되어 2016년~2018년 기간 동안 국기원 내의 특설 무대에서 상설 공연을 진행하였다. 국기원의 위대한 태권도(Great Taekwondo) 공연은 시즌1에서 시즌4까지 제작되어 공연이 이루어졌으며, 시즌별 공연의 내용을 보면 시즌 1, 2(위대한 태권도)는 태권도 탄생에서부터 국기원 개원과 함께 전 세계 태권도가 통합하기까지의 이야기, 시즌 3(달의 무사)은 달의 왕국에 월식이 시작되면서 위기가 찾아오고 달의 왕국을 지키기 위해 전설 속 태극 무사를 찾는 이야기, 시즌 4(한국의 혼)는 남성의 강인함이 바탕이 된 태권도와 여성의 온유함이 한국무용, 그리고 온 세상을 밝히는 빛인 태권도 정신의 이야기로 구성해 제작되었다. 위대한 태권도(Great Taekwondo) 공연의 특징은 다른 태권도 시범 중심에 음향과 조명을 사용한 형태로 진행하였다는 것과 한국의 전통 무용과 K-POP 등 태권도를 빛내줄 콘텐츠 사용하였다는 것이다. 공연의 세부 내용은 <표 15>와 같다.

표 15. Great Taekwondo 요약

공연명	Great Taekwondo		
	시즌 1, 2(위대한 태권도)	시즌 3(달의 무사)	시즌 4(한국의 혼)
제작사	국기원		
공연기간	2016. 02. 23~12. 31	2017. 06. 15~12. 31	2018. 09. 01~12. 31
출연진	국기원 태권도 시범단		
공연내용	태권도 탄생에서부터 국기원 개원과 함께 전 세계 태권도가 통합하기까지의 이야기	납치된 달의 왕국 공주인 '랑'을 구하기 위하여 '담'은 전설 속 태극 무사가 되어 랑을 구하고 달의 왕국 평화를 찾는 이야기	남성의 강인함이 바탕이 된 태권도와 여성의 온유함이 바탕이 된 한국무용. 온 세상을 밝히는 빛인 태권도 정신의 이야기
공연특징	태권도 시범 중심에 음향과 조명을 사용한 형태로 진행 무용과 K-POP 등 태권도를 빛내줄 콘텐츠 사용		

2) 제작 과정

강남구에서 외국인 관광객 유치를 위해 2015년 국기원과 강남구가 MOU를 맺고, 8월 28일부터 <Great Taekwondo> 상설 공연을 시작했다. 국기원 태권도장 한편에 무대를 마련하고 주로 조명과 영상을 활용한 무대효과를 통해 공연을 진행하며, 태권도 단원들이 갈등과 화합이라는 주제로 태권도 시범에 스토리를 일부 가미하였다. 2015년에는 쇼케이스 개념으로 무료로 공연을 하였으며, 공연에 대한 점검 및 고도화 작업을 거쳐 2016년(2월~12월)부터는 유료로 진행하였다. <Great Taekwondo>는 태권도 시범 중간에 스토리를 가미하고 조명, 영상 효과를 통해 볼거리를 더욱 강조했다고 볼 수 있으며, 이 시범 공연은 초창기 태권도 공연의 모습과 같다고 할 수 있다.

2017년(6월~12월)에는 강남구가 주최, 국기원이 주관하고 문화체육관광부, 서울특별시가 함께 후원하는 형태로 <Great Taekwondo-달의 무사>를 공연하였다. 국기원 시범단원 25명이 출연하고 품새, 겨루기, 격파 등을 활용해 선과 악의 갈등을 해소하는 이야기로 전개된다. 이 공연은 태권도와 K-POP 댄스 안무가 일부 접목된 공연이었다. 2015년부터 2017년까지 3년간 총 433회 공연에 6만 2천여 명의 국내·외 관람객이 찾았다.

2018년(9월~12월)에도 국기원 태권도 상설공연 <Great Taekwondo-한국의 혼>이 진행되었다. 45분간 펼쳐지는 공연에는 국기원 태권도 시범단 20명과 박성아 컬처스테이지의 한국 무용수 4명 등 총 24명이 출연하였다. 2018년에는 한국무용과 함께 공연한 것이 가장 달라진 점이라고 할 수 있다. 국기원에서는 <Great Taekwondo> 공연을 상근단원을 선발해 전문 직업으로의 태권도 시범단원을 채용하기 시작하였다.

3) 작품의 평가

다른 작품들과 달리 <Great Taekwondo>는 전문 공연이라기보다는 태권도 시범을 중심으로 무대 기술을 일부 활용한 작품이라고 평가할 수 있다. 작품은 태권도의 멋을 느낄 수 있으나 전체적으로 구성이나 완성도 측면에 부족함이 나타났으며, 전문 배우들이 아니기 때문에 태권도 기술을 시연하는 부분 이외에는 어설픈 모습이 많이 노출되어 유료 공연으로서 아쉬움이 컸다. 그리고 환경적인 부분으로 공연 무대 등 장소가 전문 공연장이 아니다 보니 공연을 관람하는 데 여러 부분에서 불편함이 컸으며 특히 더위를 호소하는 사람들이 많이 눈에 띄기도 하였다.

제3부

태권도 공연 비전과 기획·제작

07

태권도 공연의 비전: 태권도 공연의 블루오션 전략

가. 태권도 공연의 비전

현재 우리가 살고 있는 21세기는 지식과 문화를 기반으로 지식과 한 경제의 성장으로 삶의 여유가 많아진 시대이다. 2011년은 주 5일제, 2018년에는 주 52시간 근무 등으로 여가의 시간이 증가하였으며, 최근에는 워라밸의 삶이 중요한 기준이 되었고, '삶의 질'을 개선하고자 하는 인식이 늘고 있는 시대의 상황 속에서 문화 산업은 더욱 주목받고 있다(엄주용, 2019).

문화는 정치, 경제, 사회 등이 유기적으로 얽혀 있는 새로운 통합체로 한 국가의 핵심 동력이라고 해도 과언이 아니다. 오늘날 문화가 이렇게 중요한 위치를 차지하고 있다면, 앞으로 우리의 문화를 어떻게 발전시킬 것인가에 대한 문제는 중요한 과제라고 할 수 있다. 대한민국은 드라마, 가요, 영화, 음식 등의 콘텐츠가 아시아 시장에서 폭발적 관심과 사랑을 받으며 시장을 키워나갔고, 최근에는 영역을 넓혀 전 세계인들에게 K-POP을 통해 한류라는 이름으로 사랑받고 있다. 이렇듯 문화는 한 나라의 경쟁력을 보여준다고 할 수 있기에, 계속해서 대한민국의 차별화된 문화 콘텐츠를 발굴 및 발전시켜 세계에 우리 역량을 보여줘야 한다.

대한민국의 여러 우수한 콘텐츠 중 태권도(跆拳道)는 우리에게 중요한 의미가 있다. 세계태권도연맹(2024)의 회원으로 세계 213개국이 가입되어 있으며, 올림픽 정식종목인 태권도는 한국의 전통 무예로써 전 세계에 한국을 알리는 데 전도사 역할을 해 왔으며, 대한민국을 체육 및 스포츠 선진국으로 만드는 데 태권도가 크게 기여하였다. 태권도는 이러한 공로를 인정받아 2018년 3월 '대한민국 국기(國技)'로 지정되었다. 태권도는 전 세계 어디에서나 배우고 수련할 수 있는 보편성과 육체 수련 및 정신 수양이라는, 다른 콘텐츠와는 확연히 다른 특수성을 동시에 지니고 있기에 이러한 태권도를 활용한 콘텐츠 개발은 전 세계를 상대로 대한민국 국가 경쟁력을 강화하는 데 도움이 될 것이다(엄주용, 2019).

태권도는 외부의 여러 가지 긍정적인 기회를 맞고 있다. 2014년도에 한국 문화 3대 브랜드로 한글, 아리랑, 태권도가 선정되면서 국가적인 관심이 시작되었으며, 2018년 3월 국회에서 태권도를 '대한민국 국기'로 지정하는 법률안이 의결되면서, 태권도를 향한 국가적 지원을 예상할 수 있었다. 그리고 문재인 정부에서는 '태권도 문화 콘텐츠화'를 100대 국정과제로 선정하여 지원하기도 하였다. 그리고 '대한태권도협회', '국기원', '태권도진흥재단', '세계태권도연맹' 등 태권도 관계 기관과 각 태권도학과는 태권도 공연의 성공을 위해 지원 및 제작에 역량을 집중하고 있다.

태권도의 미는 인간의 부단한 노력 및 정성, 인내와 극기로써 심신합일(心身合一)을 꾀하는 데 있으며, 이것은 각각의 동작들이 지니는 시공간의 조화에서 비롯되고, 나아가 초월된 정신력으로 극한의 동작을 표현함으로써 관객들에게 감동을 유발해 아름다움으로 승화시켜 준다. 움직이는 모든 동작이 미적인 형태로 보이나 목적이 있는 체육적인 신체활동은 독창적 문화 현상으로 타 동작들과 엄연히 구별되는 성질을 지니고 있다. 또한 태권도 시범의 동작들은 내적인 수련과 신체 동작 표현으로 미적 표현의 느낌이 들고 있으며, 이는 내면의 정신적인 모습도 보여 주는 입체적인 직관성을 보여주는 것이다. 이렇듯 다른 스포츠와 차별화된 태권도의 진정한 가치는 육체적 기술을 표현할 뿐만 아니라 수련 과정에서 자아를 극복하고, 무아의 경지에 다가가려는 정신 수양 요소가 함께 내포되어 있다는 점에 있으며, 그것이 공연예술로서의 태권도의 특징이다.

태권도는 육체적 기술과 정신 수양의 미적 가치를 표현하기 위해 모범을 보인다는 의미인 '시범'을 시작하였으며, 태권도 시범이 활성화되고 발전하게 되면서 자연스럽게 현재의 태권도 공연으로 이어지게 되었다. 태권도 시범은 앞에서 언급한 공연예술의 요소를 갖추고 있다고 할 수 있다. 태권도 배우(태권도 시범단원)가 무대에서(체육관, 운동장 등 아레나 극장 등) 시범단장의 연출로 관객을 만나고 있으며, 그것은 기본적인 공연예술 요소를 갖춘 형태라고 할 수 있다. 태권도 시범이 기술 시연을 넘어 예술적 단계를 바라보게 된 주된 이유는 태권도의 철학적 요소와 종합적 형태에 있다. 또한 신선하고 독창적인 '창조미'와 강렬하고 부드러운 움직임의 조화를 통해 '우미', 장중한 '숭고미', 파괴적인 '형식미', 예리하고 섬세한 '정묘미' 등이 태권도 시범에서 나타난다(송준한, 2018).

태권도 공연은 성공할 경우 OSMU(One Soure Multi Use) 전략을

통해 부가가치를 극대화할 수 있다. OSMU 전략은 크게 1. 창구 효과(Window effects) 2. 전환(Adaptation) 3. 상품화(merchandising) 4. 브랜드(Brand) 확장으로 구분된다(박기수, 2011). 먼저, 공연을 통한 창구 효과(Window effects)는 본 공연의 종료 후 지방 투어 및 문예회관 기획&초청 공연과 중앙, 광역, 기초 문화예술 기관이 지원하는 공모 지원사업 신청 및 선정 등이다. 이는 영화의 제작이 시차를 두고 영화관-OTT-DVD-유료 TV-무료 TV의 순으로 창구를 옮기며 수익을 극대화하는 모델과 같은 원리이다. 공연의 전환(Adaptation)을 통해 프렌차이즈 및 스핀오프 시리즈 제작과 영화, 드라마, 웹툰, 웹소설 등 다양한 매체로의 전환도 시도가 가능하다. 이는 웹툰이 영화, 드라마, OTT 콘텐츠, 전시, 공연과 같이 거점 콘텐츠 또는 확장 콘텐츠로 전환을 통해 확장되는 전략과 같다. 공연 속 서사 또는 캐릭터를 활용한 상품화(merchandising) 전략을 통해 수익 창출에 도전할 수 있다. 마지막으로 태권도 공연의 브랜드(Brand) 확장이 가능하다. 이와 같이 성공한 태권도 공연을 원천IP(Intellectual Property)로 하는 OSMU 전략을 활성화해 부가가치를 극대화할 수 있다.

나. 전략 방향 설정

1) 전략 수립의 절차

태권도 공연 제작의 전략적 발전방안을 위해 전략의 수집의 절차를

<그림 8>과 같이 제시하였다. 태권도 관계 기관 설립 목적을 점검하여 태권도 공연 비전을 설정하고, 전략적인 분석을 거쳐, 구체적인 목표를 세우고, 단계별 전략 계획을 마련해서 구체적인 실행계획을 가지고 평가하는 전략 수립을 통해 태권도 공연의 전략적 발전방안이 필요하다고 강조하였다.

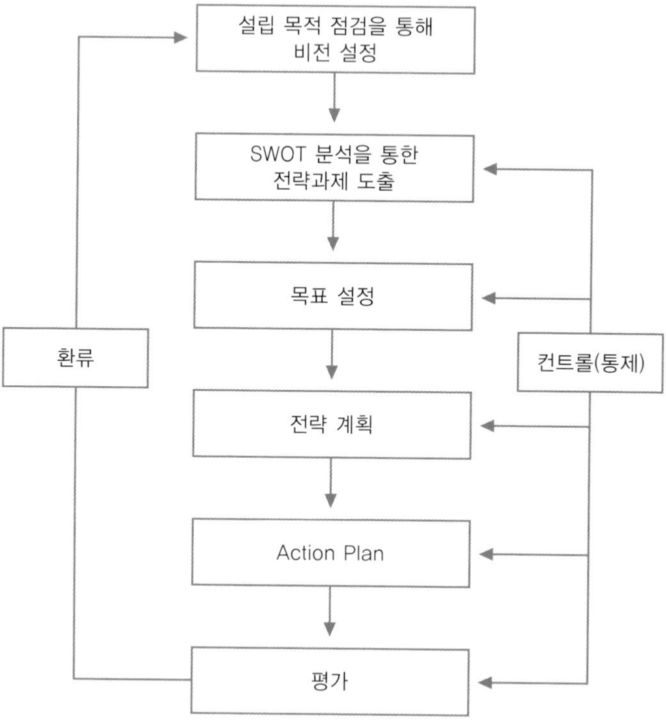

그림 8. 태권도 공연 제작을 위한 전략 수립 절차(엄주용, 2019)

2) 태권도 공연 비전 설정

태권도 공연 제작에 있어 외부의 긍정적인 기회(국회가 태권도를 대한민국 국기로 지정하는 법률안 의결, 정부가 태권도 문화 콘텐츠화를 100대 국정과제로 선정, 2022년까지 1천 7백억 원의 예산을 투입하기로 계획)로 인해 태권도 4대 기관이라 불리는 '국기원', '태권도진흥재단(태권도원)', '대한태권도협회', '세계태권도연맹' 등 태권도 관계 기관 역할이 매우 중요해졌다(엄주용, 2019).

태권도 공연의 비전 설정은 다음과 같다.

> "태권도 공연을 통해 태권도의 새로운 패러다임을 구축하기 위해서는 각각의 관계 기관이 태권도 공연을 위한 하나의 비전 아래, 각각의 설립 목적과 역할, 목표에 맞는 실행 등 전략적 운영을 통해 태권도 공연 성공에 기여해야 한다. 하지만 현재 태권도 관계 기관에서는 태권도 공연 제작이 각각의 관계 기관 설립 목적과 역할, 목표 등에 근거하여 전략적으로 추진되지 않고 있는 실정으로 이는 거시적 관점에서 태권도 공연 발전을 저해하는 요인이다. 따라서 각 관계 기관별로 태권도 공연 제작에 대한 역할과 목표를 설립 목적 근거 하에 설정하고, 관리할 수 있는 가칭 '태권도 문화 콘텐츠화 추진 특별 전담팀(TF)'과 같은 전문 조직의 구성이 필요하며, 각 관계 기관의 역할과 목표에 근거가 될 태권도 공연의 비전을 새롭게 설정해야 한다."

<표 16>과 같이 비전 설정을 위해 먼저 태권도 관계 기관의 설립 목적을 점검하고, 그에 따른 태권도 공연 관련 역할 설정 후 이를 통해 전체적인 태권도 공연 비전을 설정해야 한다.

표 16. 공연 제작을 위한 예산 구분

관련 기관	설립 목적
국기원	**설립목적:** 한국 고유문화 소산인 태권도 정신과 기술을 계승·발전시켜 태권도 문화 창달을 도모하고, 태권도의 국제적 위상을 제고하며, 범세계적으로 태권도의 전파·보급을 통하여 인류평화에 기여 **역할설정:** 세계 태권도 본부인 국기원 명소화 추진에 태권도 공연을 주력 콘텐츠로 활용
태권도원	**설립목적:** 태권도 진흥을 통한 태권도를 세계적인 무도 및 스포츠로 발전시켜 국위 선양에 이바지하고, 전 세계 태권도인들의 성지인 태권도원을 조성하여 국민의 심신단련과 자긍심 고취 **역할설정:** 태권도원의 성지화를 위해 국립 태권도 공연단 창단, 태권도 아카데미 설립 및 운영
대한태권도협회	**설립목적:** 태권도 종목 운동을 국민에게 널리 보급하여 국민 체력을 향상하게 하며, 건전한 여가선용과 명랑한 기풍을 진작하는 한편 운동선수 및 그 단체를 지원·육성하고 우수한 선수를 양성하여 국위 선양에 이바지 **역할설정:** 태권도 공연을 통해 '태권도장' 활성화에 기여하고, 다양한 작품 개발 및 전국투어 추진
세계태권도연맹	**설립목적:** 세계대회를 주최 및 승인하고 국제심판 교육과 더불어 올림픽 정식종목 추진 및 유지 **역할설정:** 올림픽 및 세계대회 개최지와의 공연을 통한 예술교류 활동 추진

3) 전략 분석

태권도를 '대한민국 국가 브랜드 공연'으로 만들기 위해 SWOT 분석을 활용하여 강점과 약점, 기회와 위협으로 태권도 공연을 구분하고, 이를 바탕으로 각각 SO전략(강점을 살려 외부 기회를 살리는 전략), WO전략(약점을 보완하여 외부 기회를 살리는 전략), ST전략(강점을 살려 위협으로부터 보호하는 전략), WT전략(약점을 보완하여 외부 위협을 최소화하는 전략)을 통해 전략과제를 도출하였다. 전략과제는 태권도 공연 제작 환경 구축, 태권도 공연 성공 요소를 반영한 공연 제작, 태권도 공연 교육 환경 구축, 전문 공연예술 기관과의 교류 및 협력, 수준 높은 공연 활동 추진, 장기적 투자 등으로 도출해냈다.

내부 환경 외부 환경	강점(strength) • 태권도 기술 자원 풍부 • 태권도 교육 인프라 보유 • 태권도 관계 기관 역할분담	약점(weakness) • 전문예술 스태프 부재 • 배우 양성 시스템 부재 • 전용 극장 부족
기회(opportunity) • 태권도 수련인구가 많음 • 국기 태권도 지정 • 100대 국정과제 선정	○ SO전략 • 태권도 공연 제작 환경 구축 • 태권도 공연 교육 환경 구축 • 관계 기관 특성별 공연 추진	○ WO전략 • 전문예술 스태프 채용 • 태권도 아카데미 설립 추진 • 전용 극장 설립 및 리모델링
위협(threat) • 유사 콘텐츠들과의 경쟁 • 공연의 질적 요구 향상 • 경제 불황	○ ST전략 • 성공요소 반영한 공연 제작 • 타 분야와 공동제작 추진 • 관계 기관 협업 추진	○ WT전략 • 중장기 전략 수립 • 해외 축제 초청 및 참가 • 공연장 상주단체 협의

▼

[전략과제 도출]

- 태권도 공연 제작 환경 구축
- 성공요소 반영한 태권도 공연 제작
- 태권도 공연 교육 환경 구축
- 전문 공연예술 기관과의 교류 및 협력
- 수준 높은 공연 활동 추진
- 장기적 투자

그림 9. SWOT 분석을 통한 전략과제 도출 전개도(엄주용, 2019)

다. 전략 실행 방안

1) 목표 설정

지금까지 태권도 관계 기관의 설립 목적을 점검하여 대한민국 국가 브랜드 공연이라는 태권도 공연 비전을 설정하였고, 전략 분석을 통해 태권도 공연에 필요한 전략과제를 도출하였다. 이를 통해 태권도 공연을 위한 공통 목표를 설정하고, 그것을 바탕으로 각 태권도 관계 기관 설립 목적에 맞는 기관별 태권도 공연을 위한 역할과 목표를 설정해야 한다.

대한민국 국가 브랜드 공연이라는 비전 아래 전략 분석을 통해 도출된 전략과제의 대응을 바탕으로 '공연예술 전문화를 바탕으로 예술성과 상업성을 인정받는 태권도 공연 제작'이라는 태권도 공연의 공통 목표를 설정하였다. 태권도 공연이 대한민국 국가 브랜드 공연으로 그 가치를 인정받기 위해서는 예술성과 상업성이 어느 한쪽으로 치우치지 않는 균형 있는 작품 제작으로 예술적으로 인정받고 상업적으로 흥행에 성공하는 공연이 되도록 해야 한다.

표 17. 태권도 관계 기관의 태권도 공연을 위한 역할 및 목표 설정(엄주용, 2019)

관련 기관	태권도 공연을 위한 목표 설정
공통 목표	공연예술 전문화를 바탕으로 예술성과 상업성을 인정받는 태권도 공연 제작
국기원	연간 태권도 공연 관람객 증대(현재 약 2만 명)

태권도원	국립 태권도 공연단 설립 및 운영, 태권도 아카데미 설립 및 운영
대한태권도협회	전국 태권도 시도협회 지역(17개) 전국 투어 공연
세계태권도연맹	올림픽 또는 세계대회 개최지에서 태권도 공연 실시

2) 단계별 전략계획

'공연예술 전문화를 바탕으로 예술성과 상업성을 인정받는 태권도 공연 제작'이라는 구체적인 태권도 공연 공통 목표를 설정한 후, 목표에 따른 전략계획을 수립해야 한다. 공연예술 전문화를 바탕으로 하는 태권도 공연 제작을 위해 단계별 전략계획의 수립이 필요하다. 가장 선행되어야 하는 것은 태권도 공연 제작을 위한 전문 환경 구축이며, 제작 환경 및 교육 환경 등 제반 환경 조성이 되면 태권도 공연 성공 요소를 반영한 태권도 공연을 제작해야 하며, 이를 통해 수준 높은 공연 활동을 추진해야 한다.

① 태권도 공연 환경 구축

태권도 공연 환경 구축을 위한 선행 과제는 공연예술 전문화가 바탕이 되는 환경조사로, 공연의 제작 환경과 교육 환경에 대한 우수사례 벤치마킹 및 국내·외 공연 시장 조사 등 태권도 공연 환경 구축이 전문화를 바탕으로 추진되어야 한다. 이를 위해 국·공립예술 단체 및 민간예술 단체, 예술교육 단체 등 공연예술 전문기관과의 다양한 교류와 협력이 필요하다. 환경조사를 바탕으로 태권도 공연 제작 환경 구축을 위해 기본적으로 조직 내 공연 전담 부서가 필요하며, 전문가를 중심으로 구성해야 한다. 보통의 공연 제작의 과정은 기획과 연출로 구분되는데, '연출'의 부분은 보통 예술 단체가 직접 진행하기 때문에 행정 조직은 주로 '기획'을 중심으로 구성된다.

국립극장의 예시로 보면, 공연 관련 조직 구성은 크게 극장 운영 업무와 공연기획 업무로 구분할 수 있다. 극장 운영의 업무는 운영지원부(시설관리 등)와 무대 예술부(무대기술 및 무대미술)가 담당하고 있으며, 공연기획의 업무는 공연기획부(공연기획, 대관, 하우스 및 티켓 운영), 교육 전시부(홍보)가 담당하고 있다. 그밖에 연출 업무는 전속단체(국립창극단, 국립무용단, 국립국악 관현악단)의 고유 업무이기에, 일반적으로 극장을 보유한 조직은 시설관리, 공연기획 및 제작, 극장 관리, 홍보 마케팅이 주요 업무라고 볼 수 있다. 그리고 극장 미보유 조직의 경우는 위에서 극장 운영 업무를 제외한 공연기획(무대감독 또는 기술감독 포함), 홍보 마케팅 업무가 조직의 주요 업무라고 할 수 있다.

현재 태권도 관계 기관들은 공연 또는 시범을 위해 단체를 각각 운영하고 있다. 세계태권도연맹 시범단은 주로 태권도 시범 활동만을 수행하기 때문에 공연단체는 미운영 중이고, 태권도원은 태권도 상설 공연을 위한 운영 용역을 매년 입찰을 통해 진행하고 있기에 전속 개념의 공연단체는 운영하지 않고 있다. 국기원과 대한태권도협회만이 현재 태권도 시범단을 통해 시범과 공연을 병행하고 있다. 태권도 공연 전문단체를 창단 및 운영하여 태권도 공연의 제작 환경을 안정적으로 구현해 태권도 공연이 예술 장르로 발전하는 계기로 삼아야 한다.

표 18. 태권도 관계 기관의 시범 또는 공연 관련 단체 현황

관계 기관 (운영단체)	국기원 (시범단)	대한태권도협회 (시범 · 공연단)	태권도원 (비가비컴퍼니)	세계태권도연맹 (시범단)
운영 형태	상근, 비상근 구분 운영	비상근	공연 운영 용역	비상근
활동 내용	태권도 시범 및 공연 병행	태권도 시범 및 공연 병행	태권도 공연	태권도 시범
전용 극장	국기원 도장 (공연 시 용도변경)	없음 (필요시 대관)	T1 공연장	없음
공연 관련 전문조직 구성	없음	없음	선정단체에 따라 다름	없음

태권도 공연 제작 환경 구축의 또 다른 전략은 전용 극장 운영이다. 전용 극장은 이지현(2004), 천세윤과 최재희(2004)의 연구 결과와 같이 전용 극장이 있을 때 장기 공연이 가능하다는 점, 안정적 마케팅 환경을 보장하는 점, 관객 개발과 작품 발전 등에 기여할 수 있는 점 등 많은 이점이 있다. 또한, 작품 특징이나 콘텐츠 특징에 최적화해 무대를 사용할 수 있기에 최상의 공연 환경을 조성할 수 있기도 하다. 하지만 모든 공연단체가 전용 극장을 갖는 것은 현실적으로 어려움이 있기에 각 시도별로 운영하는 '공연장 상주단체' 지원 프로그램을 활용할 필요가 있다. 특히 올림픽공원 내에 있는 K-아트홀은 태권도 전문 공연장으로 건립한 만큼, 서울문화재단과 올림픽공원과의 협의를 통해 K-아트홀 '공연장 상주단체'로 활동하는 것도 전용 극장 운영에 또 다른 대안이라고 할 수 있다.

또한 태권도 공연 환경 구축을 위한 또 다른 축인 태권도 공연 교육 환경 구축은 태권도 공연을 장기적 측면에서 지속할 수 있게 하는 일이라

하며 다음과 같이 주장했다. "태권도 공연 교육 환경 구축을 위해 '태권도 아카데미(가칭)'를 설립 및 운영해야 한다. 현재 태권도 기술은 극한으로 발전하였고, 극한의 기술을 표현하는 기술자가 양성되는 전문 시스템은 이미 충분하다. 하지만 이 기술자들은 '전문 배우'가 아니며, 이들을 전문 배우로 바꾸기 위해서는 많은 시간과 투자가 필요하다." 이는 태권도가 예술 장르로 발전하기 위해 필요한 요소로서 태양의 서커스의 '캐나다 국립 서커스 아카데미'와 <점프>의 국내 최초 배우 교육원인 '점프트레이닝센터'의 사례와 같이 아주 중요한 참고 사항이라고 강조하였다.

태권도 공연예술 아카데미(가칭)가 태권도 공연 전문 배우를 양성하는 장소라면, 태권도 관련 학과가 있는 대학들은 교육을 통해 태권도 공연 전문 예술 스태프를 양성하고 배출할 수 있는 곳으로, 그에 따른 환경 조성 및 교육 커리큘럼을 개발해야 한다. 일반적인 태권도학과 주요 교과목은 '태권도 역사', '겨루기', '품새', '시범 이론 및 실기', '태권도 지도론', '태권도 심판론', '태권도장 경영론' 등과 같다. 하지만 이는 태권도학과 졸업생을 태권도장 '사범', '관장', '품새, 겨루기, 시범 코치' 등으로 한정하여 양성하는, 진로 범위가 극히 제한적이라는 문제점이 있다. 이러한 문제점을 극복해 진로 범위를 확장해줄 교육 환경 조성이 필요하며, 공연 예술 관련한 교과목 개발과 개설로 '문화기예술기획론', '무대예술의 이해', '공연제작 실무', '태권도와 공연예술', '공연예술 마케팅과 홍보전략' 등과 같은 공연예술의 교육 비중을 확대하여 앞으로 계속해서 발전할 태권도 공연 분야의 전문성을 확보하고 경쟁력을 강화하여 미래를 대비해야 한다. 또한 졸업생 진로를 체육 범위에서 문화 및 예술 범위로 확장해 태권도 시장을 더욱 확대하도록 해야 한다.

② 태권도 공연 제작

단계별 전략계획 중 2단계인 태권도 공연 제작은 실제 공연 제작 과정에서 공연예술 단체와의 협력 및 지원을 통해 공연예술 전문성을 도모해 예술성과 상업성을 바탕이 될 수 있도록 한다. 이는 공동제작의 형태로 추진하며, 공연예술 단체와의 공동 작업으로 공연 제작의 과정과 단체 운영 등을 참고하여 향후 독립적으로 공연을 제작하는 데 큰 도움이 될 것이다.

태권도 공연은 앞선 비교 연구를 통해 도출된 태권도 공연 성공 요소를 반영하여 제작한다. 특히 유사 콘텐츠 공연화 성공사례 중 태권도가 참고할 만한 부분을 반영하여 공연을 제작한다.

태양의 서커스 <알레그리아>의 공연 성공 요인 중 핵심은 서커스에 드라마적 요소(연극 연출 섭외)를 삽입해 비전통적 장르인 서커스가 예술 장르화한 것이며, <리버댄스>는 아이리시 댄스의 단순한 스텝으로 매우 강렬한 에너지를 발산하는 특징을 좋은 음악과 라이브 연주, 조명, 영상 등 무대기술을 활용하여 현대의 무대예술로 공연화한 것이 성공 요인의 핵심이다. <점프>의 공연 성공 요인은 전 세계 보편적 웃음코드 개발을 위한 코미디 디렉터 섭외 등 스토리 개발로 세계화에 성공하였다는 점으로서 태권도 공연은 이러한 유사 콘텐츠 성공사례의 성공 요소들을 참고하여 공연을 제작해야 한다. 이러한 내용을 통해 태권도 공연은 전 세계 보편적 공감 스토리를 바탕으로 태권도 움직임의 특징인 단순함과 화려함을 무대기술을 통해 극대화해 관객들에게 강렬한 에너지를 전달하며, 극 연출을 통한 드라마 요소의 강화와 콘텐츠의 차별화를 극대화해 줄 음악 제작을 통해 예술성과 상업성을 극대화하는 방향으로 공연을 제작해야 한다.

거시적인 관점에서 태권도 공연 제작을 관리하고 점검해 줄 특별 전담팀(TF)을 통해 각각의 기관들의 역할과 목표 등에 맞는 형태의 공연을 제작해야 한다. 국기원은 명소화 추진을 위한 관광 상품으로서의 특징을 갖는 태권도 공연을 제작해야 하며, 태권도원은 성지화를 위해 국립 태권도 공연단에서 태권도의 정수가 담긴 태권도 공연을 만드는 데 노력해야 한다. 대한태권도협회는 태권도장 활성화를 위한 더 대중적이고 상업적인 형태의 공연을 제작해야 하며, 세계태권도연맹은 세계대회 개최 국가 및 올림픽 개회 국가들과의 협업을 위해 세계화를 전제해 공연을 제작해야 한다. 이처럼 각 관계 기관의 역할과 목표를 반영하고, 주 관람 대상자 등 타겟을 설정하여 그에 걸맞은 공연 제작으로 각각의 공연이 차별화된 태권도 공연을 제작해야 한다.

③ 수준 높은 공연 활동 추진

태권도 공연 제작 및 교육 환경 구축은 단기간에 이뤄지는 것이 아니기 때문에 장기적인 투자가 필요하다. 최소 10년 이상 꾸준히 공연될 수 있는 작품을 제작해야 하는데, 유사 콘텐츠 성공사례인 <점프>는 3년 정도의 공연 제작 과정을 통해 15년이 넘는 기간 동안 여전히 사랑받는 공연이 되었다.

공연 제작을 위한 제반 환경이 조성되고, 전문 예술 스태프를 바탕으로 전문 태권도 공연단체를 설립해 태권도 공연 성공 요소를 반영한 태권도 공연을 제작하는데 충분한 시간과 예산을 투자한다면, 결국 공통의 목표 및 각 관계 기관마다 목표하는 바를 이뤄낼 수 있을 것이다. 이렇게 제작된 공연은 단일 콘텐츠로 소비가 종료되는 것이 아니라 다양한 콘텐츠로 활용하는 '원 소스 멀티 유스(OSMU)' 전략을 통해 관광 산업 및 기타 문화 산업과의 연계로 태권도의 부가가치를 높여, 지속 가능한 콘텐츠로 만들어야 한다. 또한, 태권도 관계 기관 간, 태권도 관계 기관과 전문 공연예술 단체 간 예술 교류 및 협업을 통해 공연의 완성도를 높이고, 태권도 공연예술 분야의 스펙트럼을 넓혀야 한다.

마지막으로 프랑스 아비뇽 페스티벌이나 영국의 에든버러 인터내셔널 페스티벌과 같은 세계적이고, 인지도 높은 축제에 초청 또는 참가를 통해 공연 및 단체의 인지도를 재고하고, 세계 유수의 예술인들과 교류를 통한 경험을 축적하며, 공연 평가 내용 피드백 등을 바탕으로 작품을 발전시켜 전 세계에 인정받는 공연이 되도록 적극 추진해야 한다. 태권도 세계선수권대회나 올림픽과 같은 대형 스포츠 이벤트에서 태권도 공연을 선보이는 기회를 만들어, 태권도 공연의 인지도를 재고해야 한다. 또한, 태권도 공연 관련 축제를 개최하여 민간 태권도 단체와 태권도 관계 기관 등이 다양하게 교류 및 화합하는 장을 만들고, 또한 축제를 전 세계로 확대하여 향후 전 세계인의 관심 속에서 축제가 진행될 수 있도록 장기적인 안목을 가지고 투자해야 한다.

3) 단계별 전략계획에 따른 실행계획

① 태권도 관계 기관 실행계획

단계별 전략계획 수립에 따른 태권도 관계 기관의 실행계획을 단기

(1년), 중기(2년~5년), 장기(5년 이상)적으로 추진해야 한다. 먼저 단기(1년) 실행계획으로는 공연예술 전문화를 위한 환경조사와 전문가 중심의 전담 조직 구성으로, 국·공립 및 민간예술 단체 등 예술단체에 대한 벤치마킹 추진과 교육 환경에 대한 우수 사례 벤치마킹, 그밖에 국내·외 시장 조사 등 환경조사를 시행한다. 또한, 공연 제작을 위한 전문가 중심(기획, 연출)의 전담 조직 구성 등 단기(1년) 실행계획을 통해 태권도 공연 제작이 공연예술 전문화가 바탕이 되며, 또한 중·장기 실행계획을 위한 초석을 다지도록 해야 한다.

중기(2년~5년) 실행계획은 앞선 환경조사를 통해 구축한 정보 및 네트워크로 실제 공연 환경을 구축하는 것으로, 전문가 조직을 바탕으로 전문 공연단체 창단, 교육 환경 구축을 통한 전문 배우 및 공연예술 전문인 양성, 전용 극장 또는 공연장 상주단체 등 공연을 위한 공간 및 무대를 구축하는 구체적 실행을 추진해야 한다. 또한 공연을 통한 공연단체 운영으로 관광 상품 개발, 태권도장 활성화를 위한 사업 추진 등 각각의 태권도 관계 기관 역할과 목표에 따라 공연을 활용하는 등 중기(2년~5년) 실행계획을 통해 태권도 공연 제작 제반 환경 조성과 실제 공연 제작 실행으로 공연단체를 목표에 따라 운영 및 활용해야 한다.

장기(5년 이상) 실행계획은 각 관계 기관의 역할에 따른 목표 달성을 목적으로 장기적인 관점에서 추진한다. 주요 추진 사항으로는 국내외 주요 공연예술 축제에 참여하거나 태권도 공연예술을 주제로 한 축제를 개최한다. 또한, 우수 태권도 공연을 대상으로 국내외 투어 활동을 추진하여 태권도 공연의 대중적 인지도를 높이고 이미지를 제고한다.

이는 태권도 공연의 지속 가능성을 기반으로 각 관계 기관의 목표와 태권도 공연을 위한 비전에 부합하는 방식으로 이루어져야 한다.

② 기타 기관 협조 사항

태권도 공연이 예술적, 상업적으로 인정받아 성공하기 위해서는 태권도 관계 기관의 노력만으로는 부족하다. 관계된 정부 부처 역할과 교육기관, 예술 단체 기관이 적극적으로 협조해야 동력을 얻어 태권도 공연이 대한민국 국가 브랜드 공연으로 비전을 달성할 수 있을 것이다. 그것이 바로 대한민국 국가 브랜드 위상을 높이고 나아가 국가 경쟁력을 높이는 길이다(엄주용, 2019).

문화체육관광부는 대한민국 문화, 체육, 관광 분야를 대표하는 국가 기관으로 '문화가 숨 쉬는 대한민국'을 목표로 하며 국민 세금을 통해 운영되고 있다. 문화체육관광부는 태권도 관계 기관이 장기적 관점으로 태권도 공연을 제작할 수 있도록 정책 마련과 더불어 재정적으로 지원해야 한다. 앞서 언급한 가칭 '태권도 문화 콘텐츠화 추진 특별 전담팀(TF)'을 구성하는 데 행정 지원을 통해 각 태권도 관계 기관이 협조할 수 있는 환경을 조성해야 한다(엄주용, 2019). 또한 프로젝트 형식의 단기성과를 위한 투자가 아니라 인프라 전반을 개선하고 태권도 관계 기관과 기타 유관기관 등의 업무 협조를 적극적으로 끌어내 태권도 공연 제작 환경 조성이 공연예술 전문화가 바탕이 되도록 기관 간 협조 관계를 구축해야 한다. 결국 태권도 관계 기관에 대한 정책 및 재정 지원, 태권도 공연 제작 환경 조성, 장기적 관점으로 평가받을 수 있는 방안 제시 등이 태권도 공연에 대한 문화체육관광부의 주요 임무라고 할 수 있다. 또한 문화와 관광 분야에서 태권도 관계 기관과 긴밀히 협조 가능토록 하는 것이 '문화', '체육', '관광'부의 역할이라고 할 수 있다.

태권도 교육기관은 앞서 언급한 바와 같이 태권도 공연 관련 예술 스태프가 양성될 수 있도록 커리큘럼 개편 등 교육 환경 개선을 통해 적극적으로 협조해야 한다. 이는 태권도가 태권도 공연을 바탕으로 공연예술 관련 교육 비중 확대를 통해 졸업생의 진로가 체육 활동에서뿐 아니라 공연예술을 포함한 문화와 관광 분야까지 확장될 수 있도록 장기적인 관점에서 교육 환경을 개선해 나가야 한다. 그 밖에 전문 예술 기관은 태권도를 체육의 범주로 한정하여 바라보지 말고, 태권도 공연을 통해 예술의 한 측면으로 인정하고 받아들이는 노력을 해야 한다. 한국문화예술위원회, 한국문화예술회관연합회, 한국콘텐츠진흥원 등의 기관에서 태권도 공연에 대한 지원을 통해 태권도 공연을 준비하는 단체들이 공연예술 단체로 함께 성장할 수 있도록 관심과 협조가 필요하다.

태권도 공연의 전략적인 발전방안 연구를 통해 태권도 관계 기관 외 관련 기관의 협조와 인식 변화 등을 통해 태권도 공연이 그 비전인 '대한민국 국가 브랜드 공연'으로 나아가야 할 것이며, <그림 10>과 같이 태권도 공연의 전략적 발전방안을 제시하고자 한다.

Vision: 대한민국 국가 브랜드 공연

전략과제 도출

- 태권도 공연 제작 환경 구축
- 성공 요소 반영한 태권도 공연 제작
- 태권도 공연 교육 환경 구축
- 전문공연예술 기관과의 교류 및 협력
- 수준 높은 공연 활동 추진
- 장기적 투자

목표: 공연예술 전문화를 바탕으로 예술성과 상업성을 인정받는 태권도 공연 제작

1단계	2단계	3단계
태권도 공연 환경구축	태권도 공연 제작	수준 높은 공연 활동 추진
• 전문화를 위한 환경조사 • 태권도 공연 제작환경구축 • 태권도 공연 교육환경구축	• 공연예술 전문기관과 협력 • 성공요소 반영한 공연제작 • 관계기관별 공연 제작	• 지속가능한 콘텐츠로 발전 • 성공요소 반영한 공연제작 • 관계기관별 공연 제작

구분	단기(1년)	중기(2-5년)	장기(5년 이상)
공통	• 전문가 중심 조직 구성 • 전문화를 위한 환경조사	• 공연 환경 구축 • 공연을 통한 단체 운영	• 지속가능 콘텐츠 개발 • 수준 높은 공연 활동
국기원	• 전문가 중심 조직 구성 • 국공립예술단체 벤치마킹 • 공연 활용 관광 상품 우수사례 조사	• 전문 공연단체 창단 • 전용 무대 및 객석 구축 • 공연 제작 및 관광 패키지 상품 개발	• 주차 및 편의 시설 등 시설 대규모 정비 • 서울대로 관광 명소로 개발
태권도원	• 전문가 중심 조직 구성 • 국공립예술단체 벤치마킹 • 배우 영상 시스템 우수사례 조사	• 국립 태권도 공연단 창단 및 운영 • 태권도 아카데미 설립 • T1 공연장 리모델링	• 태권도 관련 축제 개최 • 해외 축제 참가
대한태권도협회	• 전문가 중심 조직 구성 • 콘첸츠진흥원 등 태권도 스토리텔링 공모전 추진 • 민간 예술단체 벤치마킹	• 전문 공연단체 창단 • 공연장 상주단체 추진 • 공연 제작 및 태권도장 활성화 추진	• 태권도 공연 전국투어 • 국내 축제 참가
세계태권도연맹	• 전문가 중심 조직 구성 • 해외스태프 선발 • 해외 시장조사	• 전문 공연단체 창단 • 세계대회 및 올림픽 개최 국가와 공연 협의	• 올림픽 개·폐막식 출연 및 공연 추진 • 월드투어 추진

그림 10. 태권도 공연의 전략적 발전 방안(엄주용, 2019)

08

태권도 공연기획 · 제작

태권도 공연기획은 일반적인 공연 기획과 다르지 않다. 프리-프로덕션(사전 기획), 프로덕션(연습 및 공연), 포스트-프로덕션(정산 및 평가)의 세 단계로 진행되며, 대표적으로 작품 구상 및 선정, 공연 제작 및 기획, 홍보 마케팅, 공연 실행, 공연 결산, 공연 평가의 세부 과정으로 진행하면 된다. <표 19>은 태권도 공연기획·제작 과정을 정리한 것이다.

표 19. 태권도 공연기획 · 제작 과정

<table>
<tr><th>순서</th><th>구분</th><th colspan="2">세부 내용</th></tr>
<tr><td rowspan="7">1</td><td rowspan="7">Pre-Production:
사전 기획 단계</td><td colspan="2">1) 목적 점검 및 공연 구상</td></tr>
<tr><td colspan="2">2) 재원 마련과 예산 계획</td></tr>
<tr><td colspan="2">3) 극장 대관</td></tr>
<tr><td rowspan="3">4) 공연 스태프 구성</td><td>예술 스태프</td></tr>
<tr><td>무대 기술 스태프</td></tr>
<tr><td>공연기획 스태프</td></tr>
<tr><td colspan="2">5) 공연 제작 회의</td></tr>
</table>

<table>
<tr><td rowspan="7">1</td><td rowspan="7">Pre-Production:
사전 기획 단계</td><td colspan="2">6) 배우 캐스팅</td></tr>
<tr><td rowspan="2">7) 공연 지원업체 구성</td><td>무대 관련 제작 또는 기술 지원업체</td></tr>
<tr><td>홍보 마케팅 지원업체</td></tr>
<tr><td rowspan="3">8) 공연기획 회의</td><td>홍보 마케팅 전략 구축</td></tr>
<tr><td>공연 티켓을 활용한 홍보 마케팅 전략</td></tr>
<tr><td>보도자료 작성</td></tr>
<tr style="display:none"></tr>
<tr><td rowspan="5">2</td><td rowspan="5">Production:
연습 및 공연단계</td><td colspan="2">1) 공연 연습</td></tr>
<tr><td colspan="2">2) 홍보 마케팅 실시</td></tr>
<tr><td colspan="2">3) 스태프 회의</td></tr>
<tr><td colspan="2">4) 무대장치 반입 및 리허설</td></tr>
<tr><td colspan="2">5) 공연</td></tr>
<tr><td rowspan="3">3</td><td rowspan="3">Post-Production:
정산 및 평가단계</td><td colspan="2">1) 투어 공연 유치</td></tr>
<tr><td colspan="2">2) 공연 결산</td></tr>
<tr><td colspan="2">3) 공연 평가</td></tr>
</table>

가. Pre-Production: 사전 기획 단계

1) 목적 점검 및 공연 구상

먼저 태권도 공연예술 단체를 왜 설립했는지에 대한 설립 목적을 점검하면, 공연의 방향성을 구체적으로 설정할 수 있다. 태권도의 정통성을 보존하기 위함인지, 새로운 태권도 스타일을 개척하기 위함인지, 태권도 공연을 통해 수익을 창출하기 위함인지 등 단체의 설립 목적을 확인하면, 어떠한 형태의 공연을 제작할지 방향성을 가늠할 수 있다. 이러한 목적에 따라, 태권도의 정체성과 정통성을 강조하는 형태의 공연, 다양한 장르와의 협업을 통해 새로운 스타일을 선보이는 공연, 관객이 선호하는 공연을 제작하여 수익을 극대화할 수 있는 형태의 공연 등의 방향성을 정하고 나면, 구체적으로 공연 장르를 선택할 수 있다. 넌버벌 퍼포먼스, 뮤지컬, 총체극 등 과거와 다르게 태권도 공연이 다양한 장르를 넘나들기 때문에 설립 목적과 방향성은 중요한 검토 사항이라고 할 수 있다. 공연 제작방식은 창작, 작가 대본을 활용한 제작, 해외 작품의 라이선스 구입 방식이 있으며, 공연 구상을 위해 인적 네트워크, 독서, 미디어, 온라인, 경험 및 체험 등의 정보 수집이 중요하다.

2) 재원 마련과 예산 계획

① 재원 마련

어떤 장르의 공연을 할지와 어떤 제작방식을 선택할 것인가를 정하면, 그에 따르는 예산 계획을 통해 사업계획서를 작성한다. 공연과 예산 범위를 정하면 이제 재원을 어떻게 마련할 것인가에 대한 고민이 필요하다. 공연예술은 일반적으로 '시장실패'의 속성을 가지기 때문에 국가나 정부 기관의 지원이 필요하다. 이러한 배경을 알고 재원 마련에 대한 방안을 찾는다. 재원은 ① 자기 자본으로 조달 ② 각종 지원금과 보조금 신청 ③ 투자사 유치 ④ 티켓 예매처의 선급금 ⑤ 공동제작 ⑥ 협찬 및 후원의 형태로 마련이 가능하기에 어느 하나의 방법이 아닌 다양한 재원을 확보하려는 노력이 필요하다. 이를 위해 공연예술 지원 관련한 기관의 홈페이지를 자주 확인하는 것이 좋다. 또한, 공연 후원 및 협찬이 가능한 기업을 찾아 재정 지원이 아니더라도 다양한 기업과의 관계를 구축하는 것도 중요하다. 특히나 태권도와 관련한 기업 또는 태권도장들과의 관계도 중요하다.

② 예산 계획

재원을 마련하면 당초 예산 계획을 확보한 재원과 예상되는 수입예산을 통해 재정리한다. 공연 수입예산은 공연입장료, 협찬, 프로그램북 및 머천다이징 판매 수입, 방영권, 저작권료 등으로 구분된다. 또한, 공연 지출예산은 공연 제작 비용과 홍보 마케팅 비용으로 크게 구분된다. 먼저 공연 제작 비용은 공연을 추진할 공연장 및 연습실의 대관료 및 시설 사용료, 공연 스태프 인건비 및 배우 출연료, 공연 제작에 필요한 제작비 및 임차료, 오디션, 제작발표회, 회의, 공연 등을 운영할 때 요구되는 진행비, 보험료 또는 세금 등 기타 비용이 대표적이다. 홍보 마케팅 비용은 각종 홍보물 제작 및 배포 비용, 각종 광고 의뢰 비용, 마케팅 진행비 등이 대표적이다. 이러한 지출예산은 예상 수입을 포함한 재원 마련을 통해 산정하는 총예산 계획에 따라 그 규모와 범위가 정해진다.

3) 극장 대관

극장은 태권도 공연을 원활하게 수행할 수 있어야 한다. 태권도 공연에서 태권도 시범 기술은 높고, 멀리 움직이는 특성을 가지기에, 무대의 면적이 넓고, 층고가 높은 극장을 선택하는 것이 유리하다. 물론 예산 범위에서 극장의 선택이 이루어져야 하는 것이 기본이나, 일반적으로 소극장 규모의 경우 층고가 낮은 경우가 많아 태권도 공연의 화려한 퍼포먼스를 제대로 보여주지 못하거나 극장의 환경에 따라 연출의 제한이 따를 수 있기에 태권도 공연의 특성을 반영한 극장 대관이 무엇보다 중요하다. 극장의 정기대관은 상반기의 경우 전해 년도 하반기에, 하반기의 경우 당해 년도 상반기에 각각 공고가 올라가기 때문에 미리 준비하고 신청해야 한다. 정기대관을 놓칠 경우, 수시대관도 가능하지만 일반적으로 공연에 좋은 일정(일반적으로 금, 토, 일)은 정기대관에서 잡힐 확률이 높기에 좋은 일정을 선점하기에 어려움이 있다.

대관 절차와 방법은 극장 홈페이지를 통해 대관 공고 → 대관 신청 접수 → 대관 심사 → 대관 결정 통지 → 대관 계약 → 대관료 완납 및 공연 티켓 검인 → 무대/부대시설 이용 및 무대셋업 관련 정보 제공 → 실행 → 철수로 이루어지기에 상반기 일정에 공연을 원하는 경우 전해 년도 9~10월부터 원하는 극장 홈페이지를 확인하는 것이 좋다. 또한, 대관료는 기본대관료(공연장 및 기본 무대 시설 사용료), 무대 장비 사용료(기본 장비 이외 무대/조명/음향, 악기, 자막기 등), 부대시설 사용료(냉난방, 분장실, 리허설룸 등)가 있어서 기본대관료만 생각하고 예산을 편성하면 향후 추가 지출을 피할 수 없다. 따라서, 예산을 편성할 때는 장비 사용료와 부대시설 사용료에 대한 검토와 예산 확보도 반드시 필요하다.

4) 공연 스태프 구성

태권도 공연에서 중요한 공연 스태프는 예술 스태프, 무대 기술 스태프, 공연기획 스태프다. 태권도 공연의 주요 문제점은 공연 스태프의 전문성이 떨어진다는 점이다. 물론 태권도를 가장 잘 알고 이해하는 것은 태권도인임에 틀림없지만, 공연을 위해서는 공연의 전문성이 반드시 필요하다. 따라서, 작가, 연출가, 작곡가, 안무가, 무대/조명/음향/영상/의상/분장 디자이너 등의 예술 스태프와 기술감독, 무대감독, 조명/음향/영상감독/오퍼레이터/엔지니어 등의 무대 기술 스태프, 그리고 공연기획, 홍보, 마케팅 등의 공연기획 스태프는 반드시 공연에 대한 전문성을 갖춘 인력이 필요하다. 이에 예술감독이나 제작자를 태권도 전문가로 영입해 태권도의 전문성을 확보하거나, 최근 자주 활용되는 '협력 연출'을 태권도 전문가로 활용할 수도 있고, 안무가 외에 무술 감독의 역할을 태권도 전문가로 활용하는 등의 방법을 통해 태권도의 전문성을 확보할 수 있다. 또한, 공연기획 스태프의 경우는 메인 PD는 공연 전문가를 활용하되, 그와 함께 일할 스태프 중 태권도 전문가를 함께 배치하면 기획, 홍보, 마케팅 과정에서 태권도의 전문성을 활용할 수 있다. 이들과 계약하기 위해서는 이들의 능력에 따른 개런티 비용의 협상과 계약 과정이 중요하며, 문화체육관광부 홈페이지 내에 있는 계약서를 참고하면 법적으로 안정적인 계약을 진행할 수 있다.

공연 스태프 선정 순서는 공연 구상 이후, 창작 스태프인 작가, 연출가, 작곡가, 안무가, 지휘자등의 창작진을 먼저 섭외하고, 이후 대본이 완성되면 무대/조명/음향/의상/소품/분장 디자이너 및 디자인 섭외가 이루어진다. 그리고 디자인이 나오면 조명/음향/영상 오퍼레이터 및 엔지니어 등을 섭외한다.

5) 공연 제작 회의

공연 제작을 위한 회의는 공연 프로듀서, 작가, 연출가, 안무가, 작곡가, 무대감독, 조연출과 무대 기술 스태프의 공연 제작 회의가 있다. 주로 대본이나 시나리오 등을 창조적으로 무대화하기 위한 구체적인 제작 방법을 논의하며, 초반에는 무대 디자인을 중심으로 제작 회의가 이뤄지고, 이후 모든 분야를 대상으로 회의를 개최한다. 공연이 임박하면 분야별 회의를 개최한다. 공연 제작 회의의 주요 협의 사항은 대본 분석을 통해 공연 콘셉트 도출 확정, 각 스태프는 공연 콘셉트를 구체화하여 각 디자인 콘셉트 확정, 제작예산, 제작일정, 제작업체 등을 결정한다.

태권도 공연의 경우, 태권도 기술이 자주 활용되기에 태권도 기술을 시각적으로 보조하는 형태의 제작 협의가 이루어질 수 있고, 태권도 정신을 강조하는 연출의 경우 이를 효과적으로 드러내기 위한 방법에 대한 논의가 필요하다.

6) 배우 캐스팅

배우 캐스팅은 공연 성공을 위한 제일 중요한 조건이라고 할 수 있다. 단, 태권도 공연은 기본적으로 태권도를 활용하기에 캐스팅 또한 태권도를 염두에 두어야 한다. 보통 태권도 공연은 태권도를 전문적으로 수행한 배우들이 중심이 되는 경향이 있기에 개런티가 일반 배우 캐스팅에 비해 적은 예산이 수반되지만, 태권도의 시범 기술을 활용하는 경우는 많은 인원이 출연하게 되므로 출연료 총액은 개인의 개런티에 비해 높을 수 있다. 그리고, 나태주, 태미, 김요한 등 태권도를 전문적으로 수련한 예능인을 공연으로 활용하는 경우는 상대적으로 높은 출연료를 지급해야 할 수도 있다. 최근 태권도 공연은 연극, 뮤지컬 장르와 같이 전문 연기와 기술이 필요한 영역으로 확장되고 있으며, 태권도 전문인의 뮤지컬 도전이나 뮤지컬 배우를 캐스팅하여 태권도를 가르치는 등으로 배우를 수급하고 있어 태권도 공연의 장르 및 배우의 확장성은 더욱 커질 전망이다. 이들과의 계약은 공연 스태프와 마찬가지로 문화체육관광부 홈페이지 내에 있는 계약서를 참고하면 되며, 본 공연 이후 투어 공연을 위한 내용을 계약서에 명시하는 것도 필요하다.

7) 공연 지원업체 구성

공연의 전문성을 담보하고, 업무의 효율성을 높이기 위해서 공연에 필요한 핵심 요소의 창작 과정에 관여하는 이는 개인과의 직접 계약을 하는 것이 좋다. 하지만, 단순한 노무나 전문 업체에서 더욱 효과적인 능률을 발휘할 수 있을 때에는 업체와 작업하는 것이 이로울 수 있다. 주로 무대와 관련된 제작 또는 기술 지원 업체와 홍보 마케팅 지원업체가 대표적이다.

① 공연 관련 지원업체

먼저 무대 디자인에 따라 무대 제작, 설치, 관리 운영, 철수 업무(무대장치, 작화, 대도구 등)를 전문적으로 운영하는 업체가 있고, 조명·음향·영상·특수효과 장비 임대, 설치, 관리 운영, 철수 업무(임대, 인력 등)를 전문적으로 운영하는 업체가 있다. 또한, 공연에 사용될 영상 촬영, CG 작업, 영상 편집, 영상 소스 등을 제작하는 영상 제작 지원업체와 공연에 사용될 악기를 대여(임대, 수리, 피아노 조율 등)하는 악기 대여 업체도 있다. 무대 인력 지원(무대 전환수, 조명 및 음향 인력 등)을 전문으로 하는 무대 인력 용업 업체도 있다.

또한, 홍보 마케팅 지원업체는 지류, 옥외, 영상 홍보물 제작 및 납품 업무(옥외는 설치 포함, 지류는 배포/부착 별도)를 지원하는 홍보물 관련 업체, 홈페이지 관리 및 웹 배너, 웹 메일 디자인 업무를 지원하는 홈페이지 관리 업체, 온·오프라인 프로모션 이벤트 개최 업무를 지원하는 마케팅 대행 업체, 인터파크, 티켓링크 등 온·오프라인 티켓 예매 대행 업무 업체, 티켓몬스터, 위메프 등 소셜 커머스에 이벤트성 티켓 판매 대행 업무를 하는 티켓 급매 대행업체, 지하철, 버스, 옥외, 텔레비전, 라디오 광고 대행 업무 등의 광고 대행업체 등이 있다.

② 업체와 업무 추진 시 유의할 점

이와 같은 업체와 운영할 때는 명문화된 계약서와 과업 지시서, 제품 사양서 등을 작성하여 이메일을 활용하여 주고받아야 한다. 향후 계약과 관련한 예상치 못한 문제가 발생할 경우 책임 소재를 분명하게 할 수 있기 때문이다. 계약서에는 과업 내용, 용역 및 납품 일정 또는 기한,

용역 및 제품 결과물, 금액, 지급 기한 등을 반드시 명시하여 상호 간에 협의를 통해 문제가 발생하지 않도록 한다. 때때로 구두로 중요한 계약을 진행하다가 문제가 발생할 경우 책임 소재가 불분명해지면서 법적으로 문제가 확대되는 경우가 발생하기 때문에 상호 간 정확한 계약 관계를 체결하여 문제를 사전에 예방해야 한다. 또한, 과업을 업체에 요청하는 경우에는 해당 업무에 대한 정당한 대가를 치르기 때문에 정확하고 구체적인 업무 지시와 결과물을 요구해야 한다. 해당 업체도 공연단체와의 계약과 결과물을 대상으로 사업을 지속해야 하기에 그들이 단체의 요구에 합당한 우수한 결과물을 생산할 수 있도록 함께 협력하여 업무를 추진해야 한다.

8) 공연기획 회의

① 공연기획 회의

공연기획 회의는 공연 프로듀서, 제작감독, 홍보 담당, 마케팅 담당, 재무 담당 등이 공연 제작 회의를 통해 도출된 콘셉트 및 디자인을 바탕으로 기획, 홍보 마케팅, 수익화 방안, 협찬계획, 예산 계획 등을 협의하는 회의이다. 주요 협의 사항은 공연 기획과 관련한 아이디어, 의견, 내용을 협의하여 실행계획을 마련하고, 공연기획 목표 설정과 목표 달성을 위한 전략 마련, 홍보 마케팅의 구체적 방안 마련 및 계획수립, 기획내용과 일정, 집행 예산을 점검하고 검토, 예상되는 문제점을 검토하고 우선순위를 정하여 해결한다. 특히, 저작권 문제와 지방 공연 관련 재계약 이슈는 빠르게 정리해 두는 것이 중요하다.

② 마케팅 전략 구축

태권도 공연의 성공적인 관객 유치 및 목표 달성을 위해서는 공연단체의 공연에 대한 환경 분석이 필수적이다. 가장 일반적인 SWOT 분석은 공연 자체의 강점과 약점, 공연 외부 환경에 대한 기회와 위협의 요인을 규정하고, 이를 통해 강점은 살리고 약점은 죽이고, 기회는 활용하고 위협은 억제하는 마케팅 전략을 수립하는 작업이다. 환경 분석을 하는 가장 중요한 이유는 공연에 대한 내·외부의 객관적 데이터를 통해 현실적이고 구체적인 대안을 찾기 위함이다. 따라서, 환경 분석은 분석과 전략 마련으로 끝나는 것이 아니라 이를 시작의 과정으로 생각해야 한다는 점이 중요하다. 일반적으로 태권도 공연은 서커스와 같이 화려한 퍼포먼스가 장점이기 때문에 이를 극대화하는 마케팅 전략이 필요하다.

환경 분석 이후에는 STP 전략을 마련해야 한다. 우리가 진입하고 경쟁해야 하는 공연 장르와 유형을 세분화(Segmentation)하고, 우리가 제작하는 공연을 이용할 주요 관객 타겟층을 선택(Targeting)한다. 그리고 우리 단체의 공연이 다른 공연과는 차별화할 수 있는 포지셔닝(Positioning)을 통해 차별화를 꾀한다. 가령 태권도의 화려한 퍼포먼스와 태권도 수련을 통해 성장하는 모습의 성장담을 통해 부모의 입장과 자녀의 입장에서 공감을 제공하는 넌버벌 퍼포먼스를 제작한 경우, 넌버벌 퍼포먼스 장르의 시장에서 가족 단위를 관객 타겟 층으로 선택한 후, 부모와 자녀 세대의 공감을 제공하는 가족 단위 넌버벌 퍼포먼스라는 포지셔닝을 통해 이러한 전략에 걸맞은 마케팅 전략을 구축할 수 있다.

이후 마케팅믹스 5P 전략을 통해 구체적인 세부 전략을 마련할 수 있다. 먼저 상품 전략으로 단체의 태권도 공연과 차별화되는 요소를 강조할 수 있다. 위의 내용을 기반으로 하는 경우, 부모의 입장과 자녀의 입장에서 각각 공감을 일으킬 수 있으므로 넓은 연령층을 커버할 수 있고, 태권도 특유의 화려한 퍼포먼스를 통한 시각적 즐거움을 강조하는 상품 전략을 취할 수 있다. 가격 전략으로는 태권도 공연의 제작비에서 상대적으로 배우 출연료가 적게 지출되기에 낮은 단가의 티켓 경쟁력을 갖출 수 있다. 이를 통해 다른 공연과의 차별성과 경쟁력을 강조할 수 있다. 유통 전략으로는 극장의 환경도 중요한 영향을 미치기 때문에 극장 대관에서 신중한 결정이 필요하며, 티켓 예매의 편의성을 제공하기 위해 주요 예매처 플랫폼인 인터파크 티켓이나 티켓링크를 활용하여 예매의 편의를 제공하는 것이 중요하다. 또한, 수수료가 조금 더 발생하더라도 네이버 예약 등을 활용하여 예매 시 각종 편의를 제공해야 한다. 판매촉진 전략으로는 공연 홍보물을 통해 사람들에게 널리 알리거나, 혹은 관객 타겟층에게 효율적으로 정보가 제공될 수 있는 방안을 모색해야 한다. 소비자가 구매 욕구를 일으킬 수 있도록 관객 타겟층에게 경쟁력 있는 공연으로 인식될 수 있는 문구와 정보를 효과적으로 제공할 수 있으면 구매 행동으로 이어질 수 있다. 마지막으로 사람 중심 전략으로 자체 프로덕션 내부의 전화 응대 예절 또는 극장에서 근무할 인원에게 제공하는 응대 매뉴얼을 통해 잠재 관객 또는 관객에게 감성적으로 만족감을 제공할 수 있어야 한다.

③ 홍보전략 구축

일반적으로 공연 홍보는 단기 홍보에 치중하는 총력전의 형태로 진행되기 때문에 효율적이고 효과적인 형태의 전략을 구축해야 한다. 우선 제작되는 홍보물에서는 핵심 '키-비주얼'을 제작해야 한다. 해당 공연의 차별성과 특성을 드러낼 수 있는 핵심 요소를 이미지로 구현해야 한다. 그리고 이에 기반한 포스터, 리플렛, 프로그램북 등의 인쇄 홍보물과 현수막, 배너 등과 같은 옥외 홍보물을 제작해야 하고, 웹 기반의 온라인 홍보물 제작에도 활용한다. 온라인 홍보의 경우, 광고 진행 외에는 무료로 진행되는 경우가 많기에 최대한 온라인 홍보를 중심으로 진행하되, 포스터, 리플렛, 전단지 등 인쇄 홍보물을 제작하여 극장이 이루어지는 인근에 충분히 홍보해야 한다. 옥외 홍보물은 가로등 배너가 잠재 관객의 정보 접근성이 뛰어난 편이나 가격 부담이 있기에 효과적인 배너 배치에 대한 전략이 요구된다. 프로그램북은 판매를 위주로 제작하기 때문에 유료로 구매하는 관객에게 만족을 제공할 수 있도록 리플렛에서는 제공되지 않는 공연의 비하인드 정보를 제공해야 한다.

공연 홍보 매체는 신문, 잡지 등의 인쇄 매체와 뉴스, 예능 등의 방송 매체, 인터넷 뉴스, 공연 관련 커뮤니티 등 인터넷 매체 등이 대표적이다. 인쇄 매체 중 신문에는 지면에 기사 형태의 홍보와 포스터 이미지 형태의 광고가 가능하다. 공연 관련 잡지는 구독자가 적기에 비록 언론사 홍보에 비해 가격은 저렴하나 정보 접근성은 떨어진다고 할 수 있다. 또한, 대부분 공연 잡지의 경우 대형 공연이나 국공립 예술 단체의 공연 홍보도 많기에 잡지 내부적으로 경쟁력도 떨어질 수 있다는 점을 고려하여야 한다. 방송 매체의 경우 홍보 단가가 높으므로 신중한 결정이 필요하다. 가장 효과적인 홍보는 비교적 홍보 단가가 낮거나 없는 온라인 홍보가 유효하다. 서울이나 대형 공연의 경우 인터넷 카페와 같은 공연 관련 커뮤니티에 정보 공유가 유효하지만, 지방이나 영세한 공연의 경우는 조회수가 떨어진다. 차라리 지방의 경우는 지역 커뮤니티나 맘카페 등이 유효한 온라인 홍보이다. 태권도 공연의 경우, 관객 타겟층에 태권도 수련자도 포함되기에 해당 지역의 태권도장이나 관련 학교 등을 통한 온·오프라인 홍보 및 광고도 태권도 공연 관객 유치에 유효한 전략일 수 있다. 하지만, 이들만이 공연 관객의 주요 대상이라고 한정하면 안 된다. 그렇게 되면 태권도 공연의 확장성이 떨어지기 때문이다. 따라서, 일반 관객을 주요 대상으로 정하고 홍보 마케팅을 진행해야 한다.

공연 광고는 신문, 잡지, 버스, 지하철, 온라인 배너, 웹 광고 등이 다양하게 활용되나 광고 단가가 높아 선택과 집중이 중요하다. 인구통계학적으로 50대 이상은 신문 광고가 유효하다. 신문에 실리면 상품의 신뢰도가 상승하는 효과를 가지고 오기 때문이다. 상대적으로 젊은 층을 공략하기 위해서는 온라인 광고가 좋은 전략일 수 있다. 심지어 낮은 광고 단가 대비 전달률이 높기에 정보를 널리 알리는 데는 유효한 전략이다. 단, 온라인에 수많은 공연이 홍보와 광고를 지속하고 있기에 차별성이 떨어지는 경우 경쟁력이 떨어질 수 있다. 그밖에 야외 전광판, 교통수단, 엘리베이터 등을 활용하여 광고가 가능하다. 단, 단가가 높기에 앞서 말한 대로 선택과 집중, 그리고 전달력과 실제 구매로 이어지는 가에 대한 판단이 중요하다.

언론매체를 활용하기 위해 기자 간담회, 프레스콜 등을 운영할 수 있다. 단, 기자 간담회의 경우 기자를 참석하기 위한 정도의 공연 인지도,

기자에게 제공할 식사, 다과, 기념품 등의 진행비가 동반되기에 이를 염두에 두어 개최를 결정해야 한다. 프레스콜의 경우도 마찬가지로 여의치 않은 경우, 공연 초반에 기자들을 초대해 리뷰 기사를 요청하는 방법으로 홍보할 수 있다.

④ 공연 티켓을 활용한 홍보 마케팅 전략

공연 티켓은 티켓 가격이라는 현물로서의 가치를 가지기에 바터(barter, 물물교환)로 활용해야 한다. 온라인에서 영향력 있는 인물을 대상으로 티켓을 제공하고 리뷰를 요청하거나, 공연 관객을 위한 이벤트 용품을 티켓으로 교환, 기업 단체 관람 유치 등이 주로 활용된다.

효과적인 티켓 구매를 지원하고, 티켓 예매처 플랫폼을 통한 홍보 효과를 극대화하기 위해서 인터파크 티켓이나 티켓링크 등을 활용한다. 티켓 예매처는 일반적으로 티켓 판매 수수료(약 5~10%)를 취득하거나 무료 티켓 발권의 경우 장당 150원 정도의 수수료를 지급하면 되기에 생각보다 운영에 큰 부담이 없다. 온라인을 통해 계약하고, 상품 등록을 하면 예매처 플랫폼에 게재된다. 이를 통해 관객의 예매 편의를 제공하고, 공연의 신뢰도를 높일 수 있다.

⑤ 보도자료 작성

보도자료 배포와 관련, 공연 제작 안내, 캐스팅 소식, 티켓 오픈 및 프로모션, 연습 과정, 공연 소개, 흥행 성적, 성료 안내 등의 이슈에서 활용 가능하다. 보도자료는 크게 제목과 본문으로 구성되며 위에서부터 핵심 내용을 기술한다. 제목은 전체 내용을 핵심 요약한 제목과 부연 설명으로 구성되는 부제목으로 구성된다. 제목에서 어떤 정보를 제공하려는지 정확히 드러나야 하며, 그것이 읽고 싶어지도록 매력적이어야 한다. 본문에서 리드문은 육하원칙에 따라 작성해 제목+리드문으로 모든 정보가 제공될 수 있도록 해야 한다. 출연진 정보, 공연 내용, 특징, 제작진 인터뷰, 티켓 정보, 단체 정보 및 연락처 등을 제공해야 하며, 관련된 사진은 2~3개 정도 고화질로 첨부하면 주목도가 높아질 수 있다. 우리가 작성한 태권도 공연 보도자료를 신길 희망하는 언론사의 문화부 또는 체육부 기자의 메일 주소를 리스트 업하고 보도자료를 작성한 후 기자가 보도자료를 실을 수 있는 일정에 맞춰 보도자료를 발송하면 언론매체에 게재될 확률이 높아진다. 만약, 보도자료 작성에 어려움이 있는 경우 문화체육관광부 홈페이지에서 보도자료 배포 양식을 다운로드 받아 그 내용을 참조하여 작성하면 초반에 보도자료 작성에 용이하다.

나. Production: 연습 및 공연단계

1) 공연 연습

① 공연 제작 측면

공연 연습은 공연 대본이나 시나리오 등의 작업이 완료되고, 제작 및 공연 일정이 확정되면 실시한다. 연습은 일반적으로 제작감독이 연습 계획 수립 및 공지, 진행 과정을 총괄 관리하며, 연습실 관리는 조연출에 일임한다. 연습실은 실제 공연장 무대가 비슷한 크기로 임대하는 것이 연습 효율성을 높이는 방법이다. 연습 과정은 상견례 이후, 몇 주간은 대본 리딩 또는 안무 구성 위주로 연습을 진행한다. 이 시기에 앙상블 배우의 멀티 역할도 정해진다. 이때 대본이나 안무 수정이 이뤄지기도 한다. 연출가는 배우가 본인 역할을 제대로 해석하는지 확인하고 연기의 방향을 조정한다.

만약, 5주간의 연습 일정을 계획한다면 1주차는 리딩 리허설, 토론, 주요 장면 단락 구분, 무대 형상화 기초를 다지고, 2주차는 모든 장면의 단락을 구분, 기본 블로킹, 대립 구조 파악, 주요 구간 연습을 위주로 한다. 3주차는 무대 형상화를 구체화하고, 장, 막, 전체를 끊지 않고 연습한다. 4주차는 전체 연습과 부분 연습을 진행하고, 복잡한 장면을 정리하고, 음향과 의상, 소품 등을 갖추고서 전체 연습을 진행하고 그에 따른 수정을 진행한다. 5주차는 극장에서 리허설을 진행하고, 공연에 들어간다.

또한, 공연 관련된 무대, 대도구, 소도구, 의상, 장신구 등은 업체와의 계약을 통해 가급적 연습 기간에 납품받아 설치 및 실착해 볼 수 있어야 한다. 실제 무대 리허설 시기에 납품되면 설치 및 실착 시 문제점을 개선하기에 시간적 여유가 부족하기 때문이다.

② 공연기획 측면

공연 연습 공간은 각 공연 단체 협회 사이트의 공지사항 또는 게시판의 임대 정보에서 취득 가능하다. 태권도 공연에서 오케스트라와 함께 공연하는 경우 연주단 연습실 및 합동 연습실도 필요하다. 연습실은 접근성, 주차, 편의시설, 식사 장소 등의 편의성이 확보되면 연습 효율이 높아진다. 하지만 가장 중요한 것은 예산에 따른 비용 지출이다. 공연 연습을 스케치하여 공연 홍보의 도구로 활용하기도 하며, 이때 배우를 대상으로 SNS 홍보를 요청할 수 있다. 배우는 팬덤 또는 인지도가 높기 때문에 공연에 대한 기대감을 효과적으로 높일 수 있기 때문이다. 그리고 공연에 필요한 음악, 의상, 장신구, 소도구 등의 제작은 공연 연습 시기에 납품될 수 있도록 지원업체와 계약 시 사전에 협의가 되어 있어야 한다. 또한, 상황에 따라 일부 보정이 있을 수 있다는 점도 사전에 협의가 되어야 한다.

2) 홍보 마케팅 실시

프리-프로덕션 단계에서 세운 전략을 토대로 구체적으로 실행한다. 티켓을 오픈하고, 오픈 이벤트로 공연을 프로모션하고, 필요한 경우 보도자료를 배포하고, 인쇄 홍보물, 옥외 홍보물을 배부 및 게시하고, 온라인에도 홍보를 실시한다. 그리고, 예산 범위 내에서 필요한 광고를 집행한다. 이 시기 협찬 제안서, 공연 제안서 등을 제작하여 기업 또는 단체와 협찬, 후원, 단체 관람 등을 프로모션한다. 이 시기에 배우들의 SNS 홍보도 큰 효과를 얻을 수 있다. 또한, 티켓 바터를 통해 당초 예산으로 진행할 수 없던 홍보 또는 마케팅을 대체할 수도 있다. 태권도 공연인 만큼 태권도원, 국기원, 대한태권도협회 및 각 시도협회 등을 통해서도 홍보 협조가 이루어지도록 행정적으로 처리한다. 그리고 당초 전략 수립 시 선택한 관객 타겟 층에 정보가 쉽게 노출될 수 있도록 맞춤형 홍보 및 광고에 집중한다.

짧은 기간 내에 큰 효과를 거두어야 하기에 홍보 마케팅에 총력전을 기울이며, 당장은 아니라도 앞으로 잠재적 협찬 또는 후원자가 될 수 있는 개인, 단체, 기업들은 따로 리스트로 정리하여 향후 VIP로 관리하여 RSVP(프랑스어로 répondez s'il vous plaît, 답장해주세요라는 의미)를 통해 공연 관람 의사를 확인한 후 초대한다. 태권도 관련 기관의 단체장이나 문화체육관광부 관련자, 기업의 마케팅 관련자, 유력 언론매체 관계자, 문예회관 관련자 등이 대상일 수 있다.

3) 스태프 회의

스태프 회의는 일반적으로 공연 스태프와 극장 스태프 간 공연 전 이루어지는 회의이다. 극장 스태프는 공연단체의 공연이 본인의 공연장에서 문제없이 진행될 수 있도록 하는 책임감을 가지기에 공연과 관련한 구체적인 자료를 요구한다. 이에 따라 대관 계약서 작성 시 장비 사용 및 극장 인력 활용 부분을 사전에 협의 및 확정, 극장 시설 확인, 무상 사용 장비 내역, 지원 가능한 극장 장비 내역 확인, 유상 장비 내역 및 사용 금액, 셋업 및 철수 일정 등을 확인한다. 또한, 주요 홍보 및 이벤트 일정, 공연 사진 및 영상 촬영 일정, 진행방식, 극장과 연계하는 홍보 마케팅, 티켓 협의 등을 확인한다. 하우스 운영과 관련된 부분은 관객 편의시설 및 관객 응대 방식, 대관자 사무실 사용 여부, 시야 장애석 여부, 하우스 인력 제공 여부, 로비 사용, 분장실 확인, 배우 및 스태프 편의시설 사용 등이 있다. 특히, 태권도 공연에서 확인해야 할 부분은 무대의 높이 활용 여부, 송판, 사과 등의 격파물 활용, 폭죽 등의 화기 사용 여부에 대한 정보이다. 극장 스태프는 안전을 가장 중시하기에 이러한 공연 소품이 무대에서 위험 요소로 작용하지 않도록 철저한 관리와 계획을 요구할 가능성이 높다. 또는, 극장에 따라 송판, 폭죽 등의 사용을 제한할 수도 있다. 따라서 스태프 회의 시 반드시 위험 소품의 활용 계획을 공유하고 진행이 가능한 방안에 대해 사전 협의해야 한다.

4) 무대장치 반입 및 리허설

① 공연 제작 측면

공연에 임박하면 실제 공연 무대 작업을 위해 무대장치와 장비를 공연장에 반입한다. 공연장에서 무대 작업 시간은 오전(9~12시), 오후(13~18시), 야간(19~22시)가 일반적이다. 무대에서는 무대장치 설치, 조명, 음향, 영상, 특수효과작업 등이 이루어지며, 무대 장비 반입 이후 작업 일정은 무대 장비 반입 → 무대/조명/음향/특수효과 장치 작업 → 조명 메모리/음향체크/특수효과 테스트 → 테크니컬 리허설 → 리허설 → 무대/조명/음향/특수효과의 보강/수정 작업 → 부분 리허설 → 공연의 순으로 이루어진다. 태권도 공연은 층고를 높게 활용하는 경우가 많아, 반드시 높이 체크를 사전에 실시해야 한다.

리허설은 공연을 앞두고 무대에서 최종적으로 하는 연습을 말하며, 무대 작업 완료 후 배우와 함께 주로 기술적인 부분을 체크하는 테크니컬 리허설과 공연과 같이 모든 것을 갖추고 하는 리허설로 여기서 발견된 문제점은 수정·보완하거나 과감히 삭제하는 드레스 리허설, 뮤지컬과 같이 무대 장치 전환이 많은 경우 무대전환만을 위한 전환 리허설, 개인별, 장면별 무대에서 진행되는 부분 리허설 등이 있다. 리허설은 공연 전체의 점검을 통한 마지막 수정 기회라는 점에서 중요하다. 태권도 공연의 경우, 실제 송판이나 격파물의 격파를 통해 관객에게 위험을 제공하는지 실제 확인이 필요하다. 관객을 향해 날아가는 위험이 예상되는 경우, 리허설에서 방향 및 위치를 조정하여 관객이 안전하게 공연을 관람할 수 있도록 수정해야 한다. 또한, 높이도 모든 장면에서 안전한지 면밀히 확인하여야 한다.

② 공연기획 측면

스태프/배우가 무대장치 반입 및 리허설에 최고의 컨디션으로 참여할 수 있도록 환경을 마련해 주어야 한다. 극장과 거주지의 물리적 거리가 큰 경우, 극장 근처의 숙소를 잡아 활동에 제약을 줄여야 하며, 무대에서 셋업 및 리허설이 이루어지는 동안 분장실 배정과 관리, 식사 제공, 다과 제공, 주차 등을 지원해야 한다. 또한, 이 시기에 티켓 판매 현황을 점검하여 필요한 경우 프로모션을 통해 티켓 판매를 촉진해야 한다. 극장 하우스에 포토존, 리플렛, 프로그램북을 비치하고, 공연 당일 매표소에서 효율적 관리가 이루어질 수 있도록 사전에 운영 및 직원 배치 계획을 세워야 한다.

만약, 프레스콜을 진행하는 경우, 연출 파트와 상의하여 마지막 최종 리허설에 기자를 초청한다. 이때 공연 리허설은 전체를 진행할지 주요 부분을 진행할지 상의하고, 사전에 기자들에게 정보를 공유한다. 이때 참여하는 기자들은 공연과 유사한 환경에서 진행되는 리허설에서 사진 및 영상을 확보하고, 공연 관람을 통해 사전에 공연을 소개하는 프리뷰 기사를 작성한다. 이들이 긍정적인 느낌을 가지고 돌아갈 수 있도록 다과, 식사, 기념품, 프로그램북 등을 제공한다.

5) 공연

① 공연 제작 측면

실제 공연을 진행하고 나면, 리허설 때 나타나지 않은 문제점이 나타난다. 이중 빠르게 해결할 수 있는 부분은 다음 공연 전까지 수정하고, 그렇지 않은 경우는 표시해 두었다가 공연이 완전히 종료 후 개선한다.

② 공연기획 측면

공연이 시작되면 매표소 운영이 중요하다. 주로 티켓 예약, 판매와 티켓과 관련된 서비스를 제공한다. 객석 숫자, 공연장 크기 등에 따라 배치 인원을 정하며, 500석 이상이면 3명, 500석 미만이면 2명 정도를 배치한다. 보통 공연 1시간 전 매표소를 오픈하며, 미리 전날 판매 마감된 티켓을 발권하여 초대/예약 티켓을 정리해둔다. 티켓 매니저는 전날 마감된 티켓(평일 17시, 토요일 11시) 이외 티켓을 공연 당일에 판매 좌석으로 활용하며, 현금 거래가 이뤄지므로 시재금(천원, 오천원, 만원권)과 현금 관리를 철저히 한다. 공연 시작 시 1명을 제외하고 철수하며, 1명은 공연 종료 이후까지 티켓과 관련된 서비스를 제공한다. 공연 관련 민원이 매표소에서 이뤄지는 경우가 많아, 늘 민원에 대한 적극적인 대응 자세가 필요하다.

공연 기념품 판매 관리도 중요하다. 가장 기본적으로 프로그램북을 판매하지만, 이외에도 수익 극대화를 위해 캐릭터 상품이나 아트 포스터 등을 제작하여 판매할 수 있다. 일반적으로 물품보관소에서 이루어지며, 현금 거래에 따른 시재금 확보 및 현금 관리를 철저히 한다. 이러한 기념품 판매 촉진을 위해 공연 종료 후 배우들의 싸인회나 사진 촬영 이벤트를 구매자를 대상으로 진행하는 것도 하나의 방법이다. 이때 매표소에 배치되었다 철수하는 인원을 이 업무로 투입되는 것이 효율적이다.

VIP 관리 또한 중요하다. RSVP를 통해 현장에 방문한 VIP는 초대권과 더불어 프로그램북, 기념품을 제공하고 인력 운영에 여유가 있는 경우 접견실 공간에서 다과를 제공한다. 그리고 공연 후 배우들과 단체 사진을 찍는 등 그들이 공연단체의 VIP로서 자긍심을 심어주고, 향후 협찬과 후원으로 이어질 수 있게 한다.

공연 후 현장에서 공연 만족도 조사를 한다. 방식은 지면으로 프린트한 설문지를 직접 나누어주는 방식과 QR코드를 통해 온라인으로 하는 방식이 있는데, 두 방식을 다 활용하는 것이 좋다. QR코드는 쉽게 접근할 수 있지만 실제로 설문에 응하는 경우가 적다. 오프라인 방식은 인력이 별도로 요구되나 조사에 대한 결과지를 현장에서 바로 수거 가능하기에 채집 효과가 좋다. 공연에 대한 만족도, 티켓 구입 경로, 홍보 마케팅 만족도, 현장 만족도를 조사하며, 제한된 개인 정보(성별, 연령대, 거주지역 등)를 획득하는 것도 나중에 결과를 분석할 때 유용한 정보다.

다. Post-Production: 정산 및 평가단계

1) 투어 공연 유치

투어 공연은 제작비 회수와 수익 극대화가 주목적으로 공연의 완성도 또한 갈수록 높아진다. 문예회관에서 기획공연으로 초청하는 경우, 수익은 보장되기에 가장 좋은 공연의 형태이다. 단, 아직까지 태권도 공연의 인지도가 떨어지기 때문에 본 공연 시 공연 팀을 초청해 줄 가능성이 있는 문예회관에 담당자들을 VIP로 관리하는 것이 중요하다. 극장을 사전 대관하여 대관 공연하는 방식은 일반적인 투어 방법으로 투자 대비 수익에 대한 리스크가 존재한다. 극장이나 기획사와 공동제작을 통해 투어하는 방식은 손익분기점 달성이 가능한지가 주요 이슈이다. 이러한 투어 공연을 예상하여 스태프와 배우의 계약 시 해당 내용을 포함한 계약을 체결하는 것이 중요하다. 또한, 투어에 적합한 세트 구성과 내용으로 일부 공연을 수정할 수도 있다.

2) 공연 결산

공연 결산은 공연 예산과 관련한 수입과 지출을 정리하는 과정으로 공연 종료 후 30일 이내에 완료를 목표로 한다. 주요 수입 항목은 티켓 판매 수입, 협찬 수입, 후원 수입, 광고 수입, MD 상품 판매 수입 등이 있다. 이외에 투어 수입도 있으나 이는 별도로 결산한다. 보통 티켓 예매처를 통한 판매 수입은 일주일 전후로 정산서를 받는다. 여기서 총수익과 발권 수수료 및 무료 티켓 발권 비용 등의 내용을 자체 결과와 비교 분석한다. 문제가 없을 시 회신을 주면 며칠 내로 단체의 통장으로 입금된다. 이밖에 현금 거래 외의 수익은 대체로 10일 이내로 정산되어 입금된다. 주요 지출 항목은 회의비, 오디션 비용, 스태프 인건비, 배우 출연료, 무대 관련 제작 및 임차비, 대관료, 홍보, 마케팅 비용, 진행비, 투어 경비, 티켓 판매 수수료, 광고 유치에 따른 대행 수수료, 세금 등이 있다. 당초 마련한 재원을 바탕으로 예산 계획에서 수입금을 지출금으로 활용하는 경우 위의 내용처럼 약 10일 정도가 소요되기 때문에 일부 지원업체 또는 출연료 등 사후 지급하는 지출 항목의 경우 지출 일자를 잘 고려해야 문제가 발생하지 않는다. 또한, 예측하지 못한 수입과 지출은 반드시 정리하여 향후 공연기획에 참고한다.

3) 공연 평가

공연 평가는 공연에 대한 예술적 평가, 재무적 평가 등 공연 사업 전반에 대한 종합 평가로 이루어진다. 그리고 이러한 평가를 통해서 해당 공연을 지속할지에 대한 여부를 결정한다. 공연 평가를 위해 자체 평가와 평가 회의를 개최한다. 이때 내부자와 외부 전문가를 초청하여 진행한다. 이때 외부 전문가는 반드시 공연을 관람한 이를 대상으로 한다.

공연 평가 회의에 필요한 자료는 예산 결산서(수입과 지출 결산), 공연 결과보고서(매표 결과, 언론 기사 스크랩 자료, 만족도 조사 결과 등), 협찬 및 후원 결과보고서, 공연 리뷰 자료 등이다.

먼저 자체 평가는 내부자 중심으로 진행한다. 기획 부분에서 공연기획, 홍보 마케팅 전략 등의 과정에서 목표와 결과를 직접 비교 평가하는 과정을 거친다. 이를 통해 계획과 결과의 단순 비교뿐만 아니라 추진 시 발생한 문제점과 대응에 대한 평가와 향후 대책 등을 논의한다. 제작 부분에서는 공연 제작 초기 계획과 구현된 결과를 비교 및 평가한다.

평가 회의는 내부자와 외부 전문가가 함께하는 평가로 내부자와 외부 전문가의 공연에 대한 평가와 토론을 진행한다. 외부 전문가에게 사전에 공연 결과 보고를 제공하면 의미 있는 평가와 토론이 가능하다. 주요 평가 내용으로는 재무적 평가, 예술적 평가, 상품성 평가, 공연기획/제작 평가, 스태프/배우 평가, 공연 반응 평가 등이 있다.

참고문헌

[참고 문헌]

고상범(2005). 국내 문화예술기관의 효율적 운영방안에 대한 연구: 마케팅 전략 도입을 중심으로. 미간행 석사학위논문. 한남대학교 사회문화대학원.

곽민영(2009). 공연기획의 마케팅 성공사례 연구: 연극열전을 중심으로. 미간행 석사학위논문. 상명대학교 문화예술 대학원.

곽택용(2020). (격파완결) 태권도 시범: 자유품새 기술수록. 서울: 박영사.

김성근(2015). 테마파크 무용 공연 기획에 관한 연구. 미간행 석사학위논문. 한양대학교 대학원.

김순국(2011). 김PD의 공연기획 컬처플러스. 서울: 컬처플러스.

김완겸(2008). 무대공연기획의 문제점 개선을 위한 방안에 관한 연구. 미간행 석사학위논문. 상명대학교 예술디자인대학원.

박기수(2011). One Source Multi Use 활성화를 위한 문화콘텐츠 스토리텔링 전환 연구. 한국언어문화학회.

박영정(2004). 공연예술 전문인력 양성 활성화 방안 연구. 한국문화관광연구원.

송준한(2018). 태권도 시범 공연화에 따른 시범단원의 전문성 인식 및 발전방안. 미간행 석사학위논문. 경희대학교 대학원.

아르코예술인력개발원(2018). 문화기획론. 아르코 챔프 아카데미 교육자료.

안민수(1998). 연극연출: 원리와 기술. 서울: 집문당.

엄주용(2019). 태권도 공연의 전략적 발전 방안 연구. 미간행 석사학위논문. 경희대학교 아트퓨전디자인대학원.

용호성(2007). 문화예술교육정책에서 효과적인 거버넌스(governance) 모형에 대한 연구. 박사학위논문. 경희대학교. 서울

이두현(2009). 한국연극사. 서울: 學研社.

이승엽(2001). 극장경영과 공연제작. 서울: 역사넷.

이은미(2016). 예술경영학: 공연기획실무. 서울: 청람.

이인권(2003). 공연예술의 무대기획: 공연기획의 효율적·실천적 접근. 서울: 한솜.

이태은(2000). 공연장건축 중심공간 구성의 특성과 계획방향에 관한 연구. 미간행 박사학위논문. 동아대학교 대학원.

전선영(2012). 무용계 활성화를 위한 예술경영교육도입 방안연구. 미간행 석사학위논문. 단국대학교 경영대학원.

전성환(2003). 공연 기획. 서울: 예영커뮤니케이션.

정유경(2006). 공연예술 활성화를 위한 무용마케팅 전략에 관한 연구. 미간행 석사학위논문. 조선대학교 대학원.

조홍제(2015). 지방 공연장의 마케팅 기법 연구. 미간행 석사학위논문. 동아대학교 대학원.

최광근(2011). 태권도 세계화 전개 과정에서 본 태권도시범史. 박사학위논문. 한국체육대학교 대학원.

최성희(2006). 마케팅 프로모션 도입을 통한 무용공연 관객 활성화 방안 연구. 미간행 석사학위논문. 숙명여자대학교 전통문화예술대학원.

한윤선(2014). 지속적 공연기획제작을 위한 모델 연구. 미간행 석사학위논문. 한국예술종합학교.

황준욱(2007). 공연예술 전문인력구조와 정책지원: (연극, 뮤지컬을 중심으로). 한국노동연구원.

세계태권도연맹(2020). 세계태권도연맹 홈페이지. 2020년 9월 7일, http://www.worldtaekwondo.org/

Milly S. Barranger (2010). 연극 이해의길. 서울: 평민사.

Oscar G.Brockett (2014). 연극개론. 서울: 연극과 인간.

Richard Schechner (2004). 퍼포먼스 이론. 서울: 현대미학사.

[저자소개]

김종수

현) 계명대학교 태권도학과 교수
현) 계명대학교 글로벌 K-문화콘텐츠 사업부 책임교수
현) 대한태권도협회 국가대표 태권도 시범단 코치
전) 국기원 태권도 시범단 단원
2017 모던 태권도 "킥스 시즌2" 협력안무
2018 모던 태권도 "킥스 시즌3" 협력안무
2018 국가대표시범단 "태권 얼라이브" 쇼케이스 협력안무
2024-2025 계명대학교 전공 융합 프로젝트 공연 'Let's' 시즌1,2 책임교수

엄주용

현) 계명대학교 태권도학과 겸임교수
현) 한양대학교 문화콘텐츠학과 박사 수료
현) 태세기획 대표
전) 국기원 태권도 시범단 단원
전) 대한태권도협회 국가대표 태권도 시범단 단원
전) 수원화성국제연극제 사무국
전) 연극 아버지 티켓매니저
전) 런던올림픽 베트남 올림픽대표팀
전) 수원문화재단(2013-2024) 공연, 축제, 경영, 문화예술 업무